Andrew Chambers

A profissionalização da auditoria interna: Facto ou Ficção?

Andrew Chambers

A profissionalização da auditoria interna: Facto ou Ficção?

ScienciaScripts

Imprint

Cover image: www.ingimage.com

This book is a translation from the original published under ISBN 978-3-659-84765-3.

Publisher:
Sciencia Scripts
is a trademark of
Dodo Books Indian Ocean Ltd. and OmniScriptum S.R.L publishing group

120 High Road, East Finchley, London, N2 9ED, United Kingdom
Str. Armeneasca 28/1, office 1, Chisinau MD-2012, Republic of Moldova, Europe
Managing Directors: Ieva Konstantinova, Victoria Ursu
info@omniscriptum.com

Printed at: see last page
ISBN: 978-620-8-38277-3

ÍNDICE DE CONTEÚDOS

AGRADECIMENTOS

Estou grato pela inspiração da vasta e global diáspora da auditoria interna de que desfrutei e de que beneficiei ao longo dos últimos quarenta anos. Entre as ocupações que disputam o estatuto profissional, a auditoria interna é, e tem sido desde os anos 40, notável pela sua unidade internacional e pelos laços gerados pela extensão excecional do voluntariado dos seus membros.

Os meus agradecimentos são devidos ao meu orientador, Professor Kenneth D'Silva, que tem sido generoso com o seu tempo e apoio no âmbito da sua vida profissional muito ocupada. A sua experiência, a sua compreensão da natureza da auditoria interna e os seus conselhos práticos sobre a forma de prosseguir com este doutoramento foram de imenso valor e encorajamento para mim. Enquanto escrevo, lembro-me de que "perspicácia" está a tornar-se uma "palavra de código" entre os auditores internos, uma qualidade que o Professor D'Silva possui em abundância.[1]

Não menos importante, evidentemente, estou em dívida para com os quatro examinadores externos, todos eles especialistas na matéria, que examinaram os meus esforços sem qualquer hesitação. A estes devo acrescentar todos os membros do pessoal da London South Bank University que facilitaram e orientaram o projeto ao longo das várias fases. Estou particularmente atento ao impacto do Professor Jeffrey Ridley no meu pensamento. Trabalhámos juntos em auditoria interna durante mais de quarenta anos, muito antes de nos juntarmos como membros do pessoal da London South Bank University. O Professor Ridley reconhecerá nestas páginas conceitos que discutimos - muitas vezes conceitos para os quais ele me chamou a atenção.

Estes agradecimentos estariam incompletos sem uma referência à minha grande e adorável família. Resistirei à tentação de afirmar que, sem a sua ajuda, este trabalho teria sido concluído há muitos anos. Na verdade, não é esse o caso. Quando iniciei a minha vida profissional, no final da década de 1960, para a maioria de nós era uma escolha entre obter uma qualificação profissional ou fazer um doutoramento. Poucos conseguiram ambos, embora o Professor D'Silva o tenha conseguido pouco tempo depois. Nessa altura, mas não agora, um doutoramento, bem como uma qualificação profissional, não era uma *condição sine qua non* para uma carreira de sucesso como académico de uma escola de gestão. Em 1983, tive a sorte de me tornar professor catedrático de auditoria interna, o primeiro do mundo, bem como Diretor de uma importante escola de gestão. A minha escolha no final dos anos 60 é a verdadeira razão do meu atraso no doutoramento. Pelo menos, posso dizer que tentar colmatar esta deficiência não é, nesta fase tardia, do interesse da progressão na carreira: será agradável tornar-me finalmente um académico! É uma tese muito diferente do que poderia ter sido há tantos anos.

---

[1] No Capítulo 1, é feita referência à provável inclusão da palavra "insight" na definição de auditoria interna de 2013 e também à exortação de Collins (1904, p. 6) de que os auditores internos devem exercer poderes de perceção e imaginação para poderem cumprir o seu objetivo.

PREFÁCIO

Ao contrário de uma tese de doutoramento convencional, cuja área temática é identificada em primeiro lugar e a investigação é concebida antecipadamente para ser redigida alguns anos mais tarde. Uma tese de doutoramento por trabalhos publicados é uma retrospetiva de um conjunto de trabalhos realizados ao longo de um período de tempo, neste caso quarenta anos. Como tal, não existe um plano prévio a longo prazo. A sua validade depende, em parte, da existência ou não de provas suficientes de uma contribuição para um corpo de conhecimentos sobre um tema significativo e coeso, de uma forma suficientemente original e rigorosa.

Por conseguinte, foi necessário selecionar de entre as obras de autor aquelas em que se deve confiar. Enquanto outros candidatos podem depender de apenas uma ou algumas obras, neste caso são muitas as obras em que se baseia, incluindo livros e artigos de revistas. A BIOGRAFIA DOS AUTORES, no final da presente tese, enumera toda a coleção de material publicado de que foram retiradas as obras em que se baseia. A BIOGRAFIA DOS AUTORES é tão completa quanto os registos disponíveis o permitiram. A secção REFERÊNCIAS, que é a penúltima secção desta tese, enumera, por ordem alfabética e por data, as obras referidas entre parênteses no texto desta tese: trata-se das obras de autor e também das obras publicadas por outros autores que foram referenciadas no texto.

Um desafio foi assegurar que esta tese se lê de forma coerente por si só, sem a necessidade primária de fazer referência aos trabalhos citados. Foi uma questão de julgamento o que incluir explicitamente nesta tese e o que incluir indiretamente por referência às obras citadas. É evidente que houve a oportunidade de incluir comentários que não se encontram nas obras citadas, especialmente quando se referem a desenvolvimentos mais recentes. O vasto período de tempo abrangido por esta tese é talvez um dos seus pontos fortes. As primeiras obras foram citadas quando se relacionam significativamente com o desenvolvimento da auditoria interna como profissão ao longo do tempo.

O tema integrador é a profissionalização da auditoria interna. O facto de um determinado grupo profissional ser ou não uma profissão pode suscitar fortes emoções. Há desafios para definir as caraterísticas essenciais de uma profissão e se diferentes profissões apresentam caraterísticas diferentes. Alguns poderão considerar que pouco importa se um grupo ocupacional é ou não uma profissão, mas o ponto de vista aqui defendido é que as profissões têm caraterísticas distintivas que se repercutem em questões como a especialização, o empenhamento, a exclusividade, a prestação de serviços, a ética e o estatuto, e que estas podem ser importantes.

O leitor não ficará surpreendido com o facto de as CONCLUSÕES (capítulo 7) da presente tese se pronunciarem a favor do carácter profissional da auditoria interna. Para chegar a essa conclusão geral, a tese foi estruturada da seguinte forma.

O CAPÍTULO 1 descreve a evolução da auditoria interna de modo a apresentar atualmente um carácter distintivo típico de muitas profissões. Tendo em conta a evolução da auditoria interna ao longo dos anos, o CAPÍTULO 2 analisa mais aprofundadamente certos atributos-chave da auditoria interna no contexto do que geralmente se considera serem as caraterísticas de uma profissão, nomeadamente o desenvolvimento da auditoria interna como disciplina universitária. Uma vez que todas as profissões são compostas, *nomeadamente,* por membros que obtêm satisfação profissional exercendo a sua atividade frequentemente no âmbito de uma prática profissional, o CAPÍTULO 3 aborda questões relevantes relacionadas com o profissional de auditoria interna.

Uma parte importante do processo de profissionalização da auditoria interna tem sido o desenvolvimento de conceitos, enquadramentos e competências autónomas. Tornou-se *de rigeur* expressar o âmbito da auditoria interna como sendo o de prestar garantias e aconselhamento nas áreas dos processos de governação, gestão do risco e controlo interno. É claro que estas áreas não são exclusivamente da competência dos auditores internos, mas têm tido influência no reforço da nossa compreensão concetual e prática destes processos e da forma como podem ser auditados. Ao longo dos anos, o autor publicou intensa e extensivamente sobre estas questões, que são tratadas por ordem inversa da sua dimensão em[2] nos CAPÍTULOS 4 (CONTROLO INTERNO), 5 (GESTÃO DE RISCOS) e 6 (PROCESSOS DE GOVERNAÇÃO).

Nos últimos anos, o autor tem-se esforçado por abrir caminho para que a auditoria interna se torne um fornecedor de garantias mais valioso para os conselhos de administração, e o que isso implicará. Este trabalho inacabado, cujos elementos estão a começar a ser implementados, representa um potencial reforço do papel da auditoria interna no futuro. É abordado no CAPÍTULO 6.

[2] É agora geralmente aceite que uma parte importante dos processos de governação de uma organização é a gestão do risco da organização; e que a forma de gerir o risco é ter um controlo interno eficaz.

A PROFISSIONALIZAÇÃO DA AUDITORIA INTERNA: FACTO OU FICÇÃO?

RESUMO

Com uma cronologia de mais de 100 anos, este documento traça a profissionalização da auditoria interna, citando trabalhos publicados principalmente entre 1973 e 2012 que acompanharam, interpretaram, bem como previram e influenciaram significativamente aspectos do processo.

O estudo explora o facto de ter sido necessário um maior profissionalismo à medida que a abordagem da auditoria interna foi evoluindo. A perspetiva é que as profissões têm (a) um corpo sistemático de conhecimentos, (b) um nível de autoridade reconhecido pelo cliente e (c) sanções comunitárias.

As credenciais profissionais da auditoria interna são investigadas no contexto em que as profissões tendem a depender de três grupos organizacionais em interação - (a) a organização que presta o serviço efetivo, (b) a organização que proporciona a consciência de grupo e (c) a organização que desenvolve o talento e o conhecimento, geralmente representada a nível universitário.

Os elementos do corpo sistemático de conhecimentos que são abordados incluem o desenvolvimento da abordagem distintiva da auditoria interna e também o enfoque numa compreensão concetual amadurecida dos processos de governação, da gestão do risco e do controlo interno.

Este estudo conclui com a sugestão de que a auditoria interna pode estar agora a entrar na fase de maturidade de uma profissão, com uma probabilidade cada vez menor de reforço contínuo do seu papel e com riscos crescentes de que possa vir a ser marginalizada.

A PROFISSIONALIZAÇÃO DA AUDITORIA INTERNA: FACTO OU FICÇÃO?

Capítulo 1

A evolução da auditoria interna

Se suspeitardes da minha paternidade ou da minha falsidade, chamai-me perante os auditores mais exigentes
e ponde-me à prova.

Shakespeare [3]

O frontispício de um thriller de bolso da Penguin, o terceiro de uma série que contava as aventuras fictícias de um tal Nicky Mahoun (Smith, 1963), revelava que o autor, um escocês, tinha

> *"escreveu um livro de natureza diferente ...* Auditoria Interna ... *o primeiro livro didático sobre este tema neste país".*

Embora seja quase certo que o livro *Internal Auditing* (1953) de Smith tenha aparecido antes da primeira edição de outro livro com o mesmo título e no mesmo ano (Bigg e Davies, 1953), é bastante errado afirmar que se trata de um livro inédito no Reino Unido (**Chambers, 2005b**). Meio século antes, tinha sido publicado o primeiro texto de auditoria interna do Reino Unido e do mundo, logo seguido de outro do mesmo autor (Collins, 1904, 1908).

Com raízes na contabilidade

A vaga de atividade editorial britânica dos anos 50 também tinha sido antecipada nos EUA (Brink, 1941; Brink e Cadmus, 1950). Enquanto o primeiro afirmava que

A formação, em 1941, do Instituto de Auditores Internos (The IIA) em Nova Iorque, seguida da secção de Londres em 1948, a primeira secção fora dos EUA e do Canadá, pressagiava uma mudança de ênfase, consubstanciada no discurso inaugural do primeiro presidente do IIA, em 1941, que, enquanto o auditor

[3] Flavius, Steward to Timon, em *Timon of Athens,* de William Shakespeare.

interno aperfeiçoa o sistema de controlo interno,

> *é como um braço da gestão que a auditoria interna tem o seu futuro mais brilhante".* (**Chambers, 1979a**; Thurston, 1941).

Foi sugerido que a Segunda Guerra Mundial tinha sido responsável pelo crescimento da auditoria interna moderna, ao proporcionar um clima de austeridade que centrou a atenção na necessidade de controlo interno, e que houve uma fase de crescimento posterior e paralela no Reino Unido, na década de 1970, quando a certa altura a inflação atingiu mais de 25% (**Chambers, 1976b, p.97**; Van Voorhis, 1952).

Bigg e Davies (1953, p.vii) afirmaram que

> *a auditoria interna pode, por conseguinte, ser considerada como um ramo especializado da contabilidade (...) um meio-termo entre o contabilista profissional e o contabilista que trabalha na indústria".*

Na quinta edição deste livro (Waldron, 1980), o autor afirmava, de forma não totalmente convincente, que

> *Tentei introduzir uma maior reflexão sobre o verdadeiro objetivo da auditoria interna e sublinhar a sua independência e a sua diferença essencial em relação à auditoria externa".*

Por outro lado, **Chambers (1981a)** descreveu um tipo de auditoria interna claramente distinto da auditoria externa e não orientado para a análise dos processos contabilísticos.

A "trilha de auditoria" acima, através da odisseia histórica do registo da auditoria interna, permite uma articulação da evolução ao longo do tempo do âmbito e da abordagem da auditoria interna. Permite-nos traçar as raízes e o desenvolvimento inicial de uma ocupação que reflecte muitos dos atributos de uma profissão, como exploraremos mais adiante. Permite que as ameaças contemporâneas à auditoria interna sejam colocadas no seu contexto histórico e, assim, melhor compreendidas. Este conhecimento é fundamental para o crescimento e desenvolvimento de qualquer profissão.

Da revisão das operações contabilísticas à revisão do controlo interno

O registo indica que o nascimento da auditoria interna, com as suas raízes modernas no início do século XX, estava associado a um enfoque na garantia de uma contabilidade adequada das transacções, especialmente as que envolviam o manuseamento de dinheiro. Os principais meios empregues para obter essa garantia consistiam em o auditor repetir as operações contabilísticas (Collins, 1904). À medida que as empresas cresciam, o volume de transacções aumentava e tornava-se impraticável fornecer uma garantia fiável através da repetição das operações, mesmo com base numa amostra de auditoria. Embora o volume de transacções estivesse a aumentar, o número de processos empresariais aplicados a essas transacções permaneceu mais estável. Assim, por volta de meados do século XX, a auditoria passou a centrar-se na garantia da adequação do sistema de controlo interno da contabilidade; a verificação do desempenho das operações contabilísticas foi então relegada para testes por amostragem, a fim de confirmar a compreensão do sistema por parte do auditor e que este estava a ser aplicado como previsto.

Paralelamente a esta mudança, verificou-se a passagem de uma preocupação da auditoria interna com questões contabilísticas para a inclusão no âmbito da auditoria interna de uma análise das operações. A lógica era que as entidades atingem os seus objectivos através das suas operações, e não apenas através dos seus processos contabilísticos, e ambos necessitam de um controlo interno eficaz. Com esta nova ênfase no controlo interno, não foi surpreendente que o conceito de controlo interno fosse desenvolvido.

Foi referido que, em 1968, apenas um quinto dos departamentos de auditoria interna se limitava a questões financeiras; em 1975, este valor baixou para 2%, embora 48% do tempo de auditoria fosse dedicado a auditorias financeiras (**Chambers, 1979a, p.7**). Harvard comunicou números sensivelmente semelhantes (Miguel *et al,* 1976).

A orientação para o controlo da auditoria interna poderia ter-se desenvolvido mais cedo, e a auditoria interna poderia ter prosperado mais cedo, se uma tradução inglesa amplamente disponível de uma obra seminal do 'pai da teoria da gestão' (Fayol, 1916) estivesse disponível antes de 1949 (**Chambers, 1981a, cap.3**). Em vez disso, a abordagem de Fayol à gestão foi eclipsada por Taylor (1911), o "pai da ciência da gestão" e professor de Harvard, com a sua ênfase na especialização e departamentalização dentro das organizações (**Chambers, 1976b, p.93**).

Antes de publicar as suas primeiras *Normas* para a auditoria interna (1978), o The IIA baseou-se na sua *Declaração de Responsabilidades do Auditor Interno* para obter uma orientação autorizada. [4] As

[4] O traço completo da evolução da definição de auditoria interna do The IIA é o seguinte: 1947: *"A auditoria interna é a atividade de avaliação independente no seio de uma organização para a análise das operações contabilísticas, financeiras e outras, como base para um serviço protetor e construtivo à gestão. É um tipo de controlo que funciona através da medição e avaliação da eficácia de outros tipos de controlo. Trata principalmente de questões contabilísticas e financeiras, mas também pode tratar adequadamente de questões de natureza operacional.*
1957: *"A auditoria interna é uma atividade de avaliação independente no seio de uma organização para a análise das operações contabilísticas, financeiras e outras".*
1971: *"A auditoria interna é uma atividade de avaliação independente dentro de uma organização para a revisão das operações como um serviço para a gestão. É um controlo de gestão que funciona medindo e avaliando a eficácia de outros controlos".*
1978: *"A auditoria interna é uma função de avaliação independente estabelecida dentro de uma organização para examinar e avaliar as suas actividades como um serviço para a organização. O objetivo da auditoria interna é ajudar os membros da*

reformulações progressivas dessa definição entre 1947 e 1971 indicam a transição da auditoria interna, que passou de lidar principalmente com questões contabilísticas e financeiras (IIA, 1947) para uma ênfase igual em questões operacionais (IIA, 1957) e depois para uma redação que enfatizava apenas as questões operacionais (IIA, 1971)

(**Chambers, 1976, p.111; 1978b; 1979a**). Em 1971, a auditoria interna tinha sido redefinida como

> *"uma atividade de avaliação independente dentro de uma organização para a revisão das operações como um serviço à gestão. É um controlo de gestão que funciona através da medição e avaliação da eficácia de outros controlos"* (IIA, 1971).

Nessa altura, um importante diretor-geral definiu a auditoria interna como

> *'o meio pelo qual os sentidos de medição da gestão são alargados para além das restrições impostas ao leque de observações possíveis a um ser humano'.* (Corfield[5] , 1973; **Chambers, 1973**)

Esta é uma definição que se coaduna com as afirmações um pouco irreais de que a auditoria interna

> *'faz o que a direção faria se tivesse tempo e soubesse como'.*

> e essa auditoria interna:

> *"procura contornar as esquinas que a gestão não consegue".*

Embora esta evolução seja evidente nos registos, ocorreu a um ritmo irregular, com uma adoção diferenciada em todo o mundo. Mesmo inicialmente, a auditoria interna não poderia ter sido apenas uma repetição mecânica das operações contabilísticas, como revelam estas duas citações:

---

organização no cumprimento efetivo das suas responsabilidades. Para este fim, a auditoria interna fornece-lhes análises, avaliações, recomendações, conselhos e informações sobre as actividades examinadas. '

1990: *"A auditoria interna é uma função de avaliação independente estabelecida no seio de uma organização para examinar e avaliar as suas actividades como um serviço à organização. O objetivo da auditoria interna é ajudar os membros da organização no cumprimento efetivo das suas responsabilidades. Para tal, a auditoria interna fornece-lhes análises, avaliações, recomendações, conselhos e informações sobre as actividades examinadas. O objetivo da auditoria inclui a promoção de um controlo eficaz a um custo razoável'.*

1999: *"A auditoria interna é uma atividade independente e objetiva de garantia e consultoria destinada a acrescentar valor e a melhorar as operações de uma organização. Ajuda uma organização a atingir os seus objectivos através de uma abordagem sistemática e disciplinada para avaliar e melhorar a eficácia dos processos de gestão do risco, controlo e governação. '*

[5] Sir Kenneth Corfield foi diretor-geral, e depois presidente, da Standard Telephones and Cables, propriedade da ITT dos EUA desde 1925 até meados de 1982, e depois uma empresa FTSE 100 adquirida pela Nortel em 1991. Antes da sua passagem pela ST C, Kenneth Corfield dirigiu a K G Corfield Ltd, que fabricou a inovadora câmara britânica de 35 mm denominada Periflex.

É apenas pelo exercício dos seus poderes de perceção e imaginação que se pode dizer que um auditor interno está a cumprir o seu [sic] objetivo". (Collins, 1904, p.6).

e

"...é pelo uso contínuo da sua perspicácia auditiva que um auditor interno tem sucesso. (Collins, 1904, p.6).

Por outro lado, um inquérito realizado em 1974 revelou que a maioria dos departamentos de auditoria interna ainda estava envolvida em actividades significativas de reporte (**Chambers, 1974a, p.40**).

O alargamento do âmbito da auditoria interna à auditoria das operações em geral parece ter sido defendido pela primeira vez nos Estados Unidos. Uma abordagem baseada no desempenho contabilístico manteve-se, em certa medida, até ao final dos anos 90, altura em que ainda era a abordagem de auditoria interna predominante seguida pela auditoria interna da Comissão Europeia, por exemplo. [6]

A mudança para a auditoria baseada no risco

Estava a formar-se um novo vento de mudança. A procura implacável de uma melhoria contínua dos "resultados" levou ao reconhecimento de que nem todos os sistemas de controlo interno são igualmente importantes e, por conseguinte, à sugestão de que a auditoria interna deveria centrar-se nos processos em que o risco para a realização dos objectivos da entidade é maior. Assim nasceu a abordagem da auditoria interna baseada no risco, juntamente com a evolução da compreensão da natureza da gestão do risco empresarial (ERM).

Esta análise é corroborada por McNamee e Selim (1998):

O primeiro paradigma de auditoria interna centrava-se na observação e na contagem. Em 1941, Victor Brink introduziu o conceito de sistema de CI e alterou o paradigma, passando de um enfoque no desempenho *para um enfoque nos* controlos. *Estamos numa encruzilhada - as pessoas estão a tentar mudar as regras da auditoria interna. O terceiro paradigma baseia-se na visão do processo empresarial através de um enfoque no* risco. *'*

Perversamente, existe um risco associado ao declínio dos auditores internos que repertoriam as operações

---

[6] Conhecimentos baseados no trabalho de consultoria efectuado para a Comissão em 2000 por A.D. Chambers.

contabilísticas, ou seja, um risco associado à abordagem baseada no risco da auditoria interna. Trata-se do risco de os erros e as perdas não serem detectados. O Professor Mackenzie, um eminente economista da Universidade de Manchester, cunhou estas palavras já em 1966, no seu Prefácio a um livro sobre auditoria nos governos, da autoria de E.L. Normanton, baseado na tese de mestrado deste último, que Mackenzie tinha supervisionado (Normanton[7] , 1966;
Chambers, 2006):

Sem auditoria, não há responsabilidade; sem responsabilidade, não há controlo; e se não há controlo, onde está .... a sede do poder?
luz apenas devido a uma verificação escrupulosa dos pormenores".

Atualmente, a automatização contemporânea do trabalho de auditoria pode fornecer os meios para reperfilar mais facilmente volumes muito grandes de processamento de transacções. Esta evolução futura foi prevista há mais de trinta anos (**Chambers, 1981d, p.396**).

Uma abordagem de auditoria interna que está a amadurecer

Audi alteram partem
("Ouvir a outra parte")

A discussão sobre a garantia de fiabilidade da auditoria estaria incompleta sem mencionar que é normalmente apropriado que um auditor ouça a parte responsável. O paralelo jurídico é que é de justiça natural dar às partes o direito de serem ouvidas. *O habeas corpus* foi uma das primeiras aplicações deste princípio do *audi alteram partem.*

Ocasionalmente, aparecem no mercado mesas de auditoria antigas e raras. [thth]Geoffrey Chaucer, cujo patrono era João de Gaunt, filho do rei e pai de um futuro rei Henrique IV, ter-se-ia sentado a uma mesa destas nas torres de auditoria dos castelos que visitou no século XIV para ouvir os argumentos dos que procuravam minimizar os seus dízimos.

Atualmente, no domínio da auditoria, um exemplo importante é o chamado "processo contraditório" que precede a publicação no *Jornal Oficial das Comunidades Europeias* da DAS (La Declaration d'assurance - Declaração de fiabilidade) da auditoria do Tribunal de Contas Europeu à Comissão Europeia (Edsberg,1994). Este "processo contraditório" dá à Comissão Europeia a oportunidade de contestar os

[7] Normanton iniciou a sua carreira no Tesouro do Reino Unido antes de ser transferido para o Tribunal de Contas Europeu.

resultados provisórios da auditoria antes de estes resultados serem comunicados de forma definitiva às outras partes.

Os auditores internos são excelentes exemplos: os projectos de relatórios de auditoria interna são discutidos com as entidades auditadas, cujas respostas são incorporadas nos relatórios finais de auditoria. Nos relatórios finais de auditoria interna, as "recomendações de auditoria" são preferencialmente expressas como "acções acordadas"[8] , geralmente com datas acordadas para a sua implementação.

Um outro exemplo é a carta do auditor externo à direção, que chama a atenção para possíveis oportunidades de melhoria do desempenho detectadas pelo auditor externo no decurso da auditoria. Após discussão prévia com a direção, esta carta é então emitida em projeto para a direção antes de ser finalizada e comunicada ao comité de auditoria do conselho de administração (**Chambers, 2006, pp.45-46; 2009b, cap.18**).

Quer se trate de auditores externos ou internos, o *Audi alteram parte* serve o objetivo secundário e pragmático de permitir ao auditor testar a validade dos resultados da auditoria antes da sua conclusão: aqueles a quem os resultados da auditoria são comunicados estão frequentemente mais bem informados do que o auditor.

A relação "tripartida

Os compromissos de garantia de fiabilidade envolvem três partes distintas: um profissional, uma parte responsável e os utilizadores previstos (IAASB, 2005, parágrafo 21). Nos casos em que existe uma sobreposição muito significativa entre a parte responsável e os utilizadores previstos, o compromisso de garantia de fiabilidade pode ser menos pertinente. Assim, por exemplo, quando a gerência e os acionistas são em grande parte os mesmos, como pode acontecer numa empresa familiar ou noutra empresa privada, os acionistas não têm a mesma necessidade de obter garantias sobre a conta que lhes é prestada pela gerência. Esta é uma das razões pelas quais existe atualmente uma isenção de auditoria para as pequenas empresas.[9]

[8] Ou seja, acordado entre a direção e a auditoria interna.

[9] A menos que os acionistas insistam e em certos outros casos, os artigos 382º a 383º da Lei das Sociedades do Reino Unido de 2006 aplicam a diretiva comunitária que isenta as pequenas empresas da obrigação de realizar uma auditoria externa se se verificarem dois dos três critérios seguintes:

- Volume de negócios: inferior a £6,5 milhões (líquido) ou £7,8 milhões (bruto);
- Total do balanço: menos de £3,26 milhões (líquido) ou £3,9 milhões (bruto);
- Menos de 50 trabalhadores

Estes limiares têm vindo a ser ajustados periodicamente em alta.
Em 2011, a Comissão propôs uma isenção de auditoria semelhante para as empresas de nível médio, o que teria excluído mais 32 000 empresas do Reino Unido do requisito de auditoria obrigatória. A maioria dos Estados-Membros opôs-se a esta proposta (embora apoiada pelo Ministério das Empresas do Reino Unido), pelo que não foi aplicada. Os limiares equivalentes para as empresas de nível médio são atualmente os seguintes

Atualmente, a definição geralmente aceite de auditoria interna especifica que as actividades de auditoria interna incluem actividades de garantia *e* de consultoria:

> *A auditoria interna é uma atividade de garantia e consultoria independente e objetiva, concebida para acrescentar valor e melhorar as operações de uma organização. Ajuda uma organização a atingir os seus objectivos através de uma abordagem sistemática e disciplinada para avaliar e melhorar a eficácia dos processos de gestão do risco, controlo e governação.* (The IIA, 1999)

Tem sido controverso incluir a "consultoria" na definição atual e foi lamentável que as primeiras Normas de consultoria tenham sido publicadas no momento em que a Enron entrou em colapso e o pêndulo da auditoria estava prestes a voltar a oscilar para a "garantia". É provável que uma redação revista da definição seja publicada em 1st de outubro de 2012, a aplicar a partir de 1st de janeiro de 2013, com a seguinte redação:

> *A auditoria interna é uma profissão de garantia objetiva e de consultoria concebida para acrescentar valor e fornecer informações. Ajuda uma organização a atingir os seus objectivos através de uma abordagem sistemática para melhorar a eficiência e a eficácia da governação, da gestão do risco e dos processos de controlo".*

As partes de um compromisso de garantia de auditoria interna são (a) o auditor, (b) os auditados e (c) aqueles a quem é dada a garantia. Um trabalho de consultoria tem apenas duas partes - (a) o auditor e (b) quem consultou o auditor. Contudo, se durante um trabalho de consultoria o auditor descobrir uma matéria pertinente para a função de garantia de fiabilidade do auditor, essa matéria não deve ser considerada como "informação privilegiada" que não deve ser utilizada no contexto da função de garantia de fiabilidade do auditor. (**Chambers, 2006, p.46; 2009b, cap.1, pps.36-7**).[10]

Uma outra distinção entre as funções de consultoria e de garantia de fiabilidade do auditor interno é que os trabalhos de consultoria só são realizados quando (a) o auditor e (b) a direção que consulta o auditor, ambos consideram que é uma boa utilização do tempo de auditoria; enquanto que aqueles a serem auditados não devem poder vetar a realização ou não de um trabalho de garantia de fiabilidade (**Chambers, 2009b, cap.18, p.576**).

- Volume de negócios: inferior a £25,9 milhões (líquido) ou £31,1 milhões (bruto);
- Total do balanço: menos de £12,9 milhões (líquido) ou £15,5 milhões (bruto);
- Menos de 250 trabalhadores

[10] A Norma IIA (2011) 2440.C2 diz o seguinte:
Durante os trabalhos de consultoria, podem ser identificadas questões de governação, gestão de riscos e controlo. Sempre que estas questões sejam significativas para a organização, devem ser comunicadas à direção e ao conselho de administração.

Alteração das linhas de informação para a auditoria interna

Era coerente com a evolução do âmbito da auditoria interna que o posicionamento da auditoria interna dentro da organização mudasse. No tempo de Collins (1904), considerava-se apropriado que a auditoria interna pertencesse à função contabilística, reportando a um contabilista de nível médio ou superior; embora isso devesse ter levantado questões sobre o grau de independência do auditor interno em relação ao que estava a auditar.

De facto, ainda na década de 1970, 95% dos chefes de auditoria interna reportavam a alguém da função financeira (**Chambers, 1976, p.41**).

medida que a auditoria interna gravitava em torno da auditoria das operações em geral, tornou-se mais adequado que a auditoria interna prestasse contas à direção geral. Quando a auditoria interna passou a auditar processos de alto nível, tornou-se mais adequado que a auditoria interna prestasse contas à direção e que o diretor de auditoria fosse um quadro superior.

Capítulo 2

As caraterísticas de uma profissão

A natureza de uma profissão e as reivindicações e necessidades de estatuto profissional da auditoria interna foram discutidas em profundidade em vários locais (**Chambers, 1981a, caps.1 e 21; 1982; 2011a, pp.12-13; 2011b, pp.9-13**; Cowton (2008, 2009)). Embora os atributos das profissões variem e se tenha argumentado que alguns grupos profissionais são semiprofissões ou profissões emergentes, há uma ampla aceitação das caraterísticas que distinguem as profissões de outros grupos profissionais, que podem ser resumidas da seguinte forma

- Uma profissão recorre a um corpo teórico sistemático, adquirido pelos seus membros, em parte, através do estudo aprofundado de conceitos bastante abstractos.
- Uma profissão tem uma autoridade sancionada pela comunidade.
- Uma profissão é representada por três grupos organizacionais distintos que interagem com membros cruzados:
  1. A organização que presta o serviço efetivo - frequentemente uma prática profissional;
  2. A organização que proporciona a consciência de grupo - o organismo profissional;
  3. A organização que desenvolve o conhecimento e o talento - no caso das profissões liberais, é invariavelmente a nível universitário.

O corpo teórico de qualquer profissão evolui ao longo do tempo e tende a tornar-se mais complexo, o que faz com que tendam a surgir especializações dentro da profissão, levando por vezes a que a profissão se divida, com certas especializações a desenvolverem as caraterísticas de serem profissões por direito próprio. Assim, pode argumentar-se que a auditoria interna não valorizou suficientemente a auditoria informática, abrindo espaço para o aparecimento de uma profissão distinta de auditoria informática. Atualmente, a evolução da profissão de contabilista é evidenciada pelo desenvolvimento do conceito de contabilidade pelo justo valor, incluindo a "marcação a mercado" e a "marcação a modelo", e pela substituição do conceito de "prudência" por um conceito de "neutralidade". Atualmente, há sugestões de que a profissão de auditor externo necessita de se separar da profissão de contabilista, a fim de reforçar a independência do auditor (**Chambers, 2012c**). A própria profissão de contabilista foi incapaz de manter a auditoria interna, que se tornou distinta dela.

Espera-se que os organismos profissionais do Reino Unido adoptem o interesse público como um princípio orientador. O IIA (Reino Unido) é um organismo oficial desde 2011 e, em 2012, alterou os seus princípios éticos para estabelecer a sua obrigação de interesse público.[11] A tendência para a profissionalização da auditoria interna tem sido explorada, com a sugestão de que só é legítima se se basear no ideal de melhorar a qualidade do serviço, embora reconhecendo que não existe uma aprovação universal de que a auditoria interna seja, ou se torne, uma profissão - especialmente porque a gestão não vê muitas vezes qualquer vantagem em separar a auditoria interna da gestão em geral (**Chambers, 1979a, p.2 e_p.6**).

Wilensky (1966) considerou que os atributos distintivos de uma profissão são o ideal de serviço e a especialização autónoma, que Greenwood (1966) dividiu em (a) um corpo sistemático de conhecimentos (b) autoridade reconhecida pelo cliente ou utilizador, e (c) sanção da comunidade (**Chambers, 1981a, pp.255-74**). O primeiro corpo de conhecimentos para auditores internos foi publicado em 1972 (Gobeil) e as primeiras *Normas,* que eram (e, na sua forma atual, ainda são) consideradas obrigatórias, apareceram em 1978. No que se refere à alínea c), foi salientado que a auditoria interna era obrigatória na administração local do Reino Unido, praticamente incontornável por lei para as sociedades de construção e que 50% das empresas cotadas no Reino Unido dispunham então de auditoria interna (**Chambers, 1979a**).

Greenwood (1966) considerou que o indicador mais importante do estatuto profissional de um grupo ocupacional é a sua cultura profissional representada por um sistema interativo de organizações, a *saber:* (a) a organização que presta o serviço, (b) a associação que proporciona a consciência de grupo e (c) os centros que reabastecem a oferta de talentos da profissão e expandem o seu fundo de conhecimentos através da educação e da investigação (**Chambers, 1979a; 1981a, pp.266-8**).

Verificou-se que os diplomas considerados mais relevantes para os auditores internos eram os que proporcionavam competências especiais (como línguas modernas, direito ou engenharia) e não os que eram

[11] Em abril de 2012, o The IIA (Reino Unido) incorporou *o Código de Ética* do IIA (que todas as partes do IIA mundial são obrigadas a adotar) num novo *Código de Conduta Profissional* alargado *para o Chartered Institute of Internal Auditors.* Acrescentou dois novos princípios, como se segue:

Princípio do profissionalismo - atuar no interesse público
Agir no interesse público implica ter em conta os interesses legítimos daqueles que confiam na objetividade e integridade da garantia sobre a governação e a gestão do risco, incluindo o controlo, que a profissão de auditoria interna fornece para apoiar o funcionamento ordenado e a propriedade das organizações. Estes incluem empregadores, empregados, investidores, a comunidade empresarial e financeira, clientes, reguladores e governo. Esta confiança impõe uma responsabilidade de interesse público à profissão de auditoria interna.
Os auditores internos profissionais devem ter em consideração o interesse público e uma perceção razoável e informada do público ao decidirem as medidas a tomar, tendo em conta que o nível e a natureza do interesse público variam consoante as organizações, em função do seu papel, dimensão, importância sistémica ou proeminência pública.
Por conseguinte, a responsabilidade de um auditor interno profissional não consiste exclusivamente em satisfazer as necessidades de um empregador ou cliente individual. Ao atuar no interesse público, o auditor interno profissional deve observar e cumprir os requisitos éticos do presente Código.

Cortesia e respeito
Os auditores internos profissionais devem tratar todas as pessoas de forma justa, sem preconceitos de qualquer natureza.

considerados mais geralmente relevantes (como estudos empresariais). (**Chambers, 1977, pp.3 e 35**).

Supervisão profissional

Um atributo essencial de uma profissão é a supervisão, por parte do organismo profissional, dos seus membros, os profissionais. Quando não existe um requisito obrigatório para que muitas entidades tenham uma auditoria interna, ou quando fica ao critério das entidades se estas devem ou não ter auditores internos profissionalmente qualificados, é claramente difícil para o The IIA supervisionar a qualidade da auditoria interna (**Chambers, 2006, p.44**).

Quis custodiet ipsos custodes [12]

(Quem audita o auditor?)

A abordagem do The IIA é que as suas *Normas,* obrigatórias para os membros e para os candidatos às suas qualificações profissionais, exigem avaliações periódicas internas e externas da qualidade interna, utilizando as próprias *Normas* como referência, e o The IIA definiu a forma como estas avaliações devem ser efectuadas e por quem.

Representados a nível universitário

Em 1972, o Professor Perrin[13] afirmou (**Chambers, 1982**):

> *Não tenho conhecimento de quaisquer cátedras universitárias, ou mesmo bolsas de estudo, dotadas ou não, criadas para se especializarem no ensino ou investigação da ciência ou arte da auditoria interna. Isto sugere que a auditoria interna não é, em si mesma, nem uma disciplina reconhecível, coerente e intelectual, nem sequer uma profissão com uma independência amplamente reconhecida da profissão mais vasta (ou mais restrita?) de contabilista".* (Perrin, 1972)

Em 1976, o Professor Jerome da Universidade de Syracuse concluiu que não havia lugar para cursos especializados em auditoria interna nos currículos universitários (Jerome, 1955, p24; **Chambers, 1976, pp.3-4; 1978a, p.143**). Afirmou que:

---

[12] Juvenal (c.AD55-127) (6th Satire): *"'Pone seram, prohibe.' Sed quis custodiet ipsos Custodes? Cauta est et ab illis incipit uxor ' - "'Ponham um cadeado! Mantenham-na em confinamento! "Mas quem é que guarda os próprios guardas? A tua mulher é tão astuta como tu, e começa por eles." "Quis custodiet ipsos Custodes? '* também tem sido usado livremente para perguntar *'Quem julga os juízes? '* etc.

[13] John R. Perrin fundou o Departamento de Contabilidade da Universidade de Lancaster, onde ocupou a Cátedra Wolfson de Controlo Financeiro. Editor do *JBFA*. Foi para a Universidade de Warwick em 1974.

"acrescentar um curso de auditoria interna ... não faz muito sentido para mim. Se a essência da auditoria interna ... é encorajar um ponto de vista objetivo e interdepartamental, não será que um curso separado não é auto-destrutivo? Por outras palavras, não será o verdadeiro truque da auditoria interna olhar para o sistema de controlos do ponto de vista da gestão de topo e não do ponto de vista de qualquer departamento - seja esse departamento a auditoria interna, a contabilidade ou outro?

Opôs-se à inclusão da auditoria interna no programa de estudos, pois considerava que, normalmente, acabaria por ser ensinada por membros do departamento de contabilidade, cujo ponto de vista poderia ser contrário à auditoria interna". Afirmou (p.26):

a atividade contabilística é principalmente informativa, ao passo que a função de auditoria interna, se for corretamente implementada, deve dar ênfase à avaliação ... por outras palavras, o auditor interno audita questões de gestão que se prendem mais com a eficiência operacional do que com as demonstrações financeiras, e requer uma forma de encarar os problemas que não se encontra normalmente na maioria dos cursos de contabilidade".

A referência mais antiga a um curso universitário de auditoria interna é o da Universidade da Colômbia, dirigido por Victor Z Brink, Professor de Contabilidade, um dos fundadores do The IIA. Este curso é anterior à criação do The IIA, em 1941. (**Chambers, 1976b, p.6**). Em 1952, o Professor Van Voorhis, da Universidade do Alabama, conseguiu listar dezasseis faculdades americanas, na sua maioria universidades, que ofereciam cursos de auditoria interna como parte de cursos de contabilidade ou de estudos empresariais (Van Voorhis, 1952). Mas Sawyer (1975), num artigo significativamente intitulado 'Modern internal auditing - the new profession', apontou para cursos de extensão noturnos em apenas cinco universidades americanas'. (**Chambers, 1976b, p.98; 1978a, p.144**).

Em 1952, Van Voorhis tinha sugerido que a auditoria interna *deveria* ser ensinada e o seu pressuposto era que seria ensinada na faculdade de contabilidade, um ponto de vista com o qual Sawyer concordou 23 anos mais tarde e Chambers referiu - todos estes artigos foram publicados na mesma revista americana de referência (Van Voorhis, 1952; Sawyer, 1975; **Chambers, 1976b, p.97; 1978a**).

No entanto, os dados acima referidos indicam que a trajetória dos cursos de auditoria interna ministrados nas universidades foi descendente entre as décadas de 1950 e 1970, permitindo o veredito:

... com base nas provas analisadas ... a posição da auditoria interna no currículo de contabilidade é pequena e pode estar a diminuir rapidamente. Na nossa opinião, existe uma incerteza considerável quanto ao facto de se poder dizer que a auditoria interna, quer como tópico quer como curso, é

atualmente uma preocupação constante nos currículos de contabilidade da grande maioria das faculdades e universidades deste país [EUA]" (Barrett, et al, 1974; citado em **Chambers, 1982, pp.99-128**).

É neste contexto de declínio que a iniciativa da City University Business School (CUBS), Londres, iniciada no princípio da década de 1970, deve ser interpretada. De facto, foi a repreensão do Professor Perrin (ver acima) que levou o presidente da Comissão de Educação do The IIA London Chapter a apoiar um pedido de financiamento ao Leverhulme Trust para cobrir os custos de emprego de um Leverhulme Senior Research Fellow em Auditoria Interna a tempo inteiro - inicialmente por três anos, com início em

outubro de 1974, depois prorrogado por um quarto ano (**Chambers, 1976b, p.100**), permitindo o pedido:

> *'Tanto quanto se sabe, a Universidade tinha agora o único membro do pessoal académico a tempo inteiro em todo o mundo que dedicava todo o seu tempo à auditoria interna ... A localização dos cursos de auditoria interna num departamento de pós-graduação de estudos de gestão provou ser uma fórmula de sucesso'* (**Chambers, 1976b, pp.101-3**).

Desde o seu início, o cargo foi atribuído a um membro do pessoal académico que tinha anteriormente dirigido uma função de auditoria interna na indústria e que entrou para a universidade como professor de aplicações informáticas em contabilidade em 1971; em 1974, era membro do Comité de Educação do Capítulo de Londres do The IIA e viria a ser o primeiro presidente do seu Comité de Investigação (**Chambers, 1976a, p.3**). Em 1983, tornou-se o primeiro professor catedrático de auditoria interna do mundo, data a partir da qual a City University teve sempre um professor catedrático de auditoria interna em funções. Atualmente, o terceiro titular desse cargo é também alguém que foi anteriormente auditor interno e tem estado ativo nos assuntos do The IIA. O segundo titular do cargo tinha sido presidente do The IIA (Reino Unido) e vice-presidente do The IIA Inc. Uma década antes, tinha-se previsto que

> *Em última análise, (...) haverá um argumento mais forte para a existência de cadeiras universitárias de auditoria interna do que existe atualmente para muitas das cadeiras que já temos. '* (**Chambers, 1973, p.822**).

Desde os anos 70, foram concluídos muitos doutoramentos em auditoria interna, nomeadamente na City University.

Nos primeiros anos, a ênfase foi colocada no desenvolvimento da base disciplinar da auditoria interna e, ao mesmo tempo, no seu ensino ao nível da pós-experiência (cursos executivos de curta duração, muitos dos quais tiveram lugar na City University) e do mestrado, bem como na supervisão de estudantes de doutoramento que trabalhavam em temas de auditoria interna. O primeiro curso de pós-experiência teve lugar em 1973 (**Chambers, 1973, 1976b, Quadro 2, p.107 e p.1248; 1974a, p.40**). A articulação da base da disciplina foi efectuada através de publicações que conseguiram diferenciar a auditoria interna da contabilidade e da auditoria externa (**Chambers, 1981a; 1981c**).

> *A lógica do ensino da auditoria interna num currículo universitário é tão sólida do ponto de vista concetual como a da inclusão de outras disciplinas de gestão. Em última análise, muito depende da procura. Só o tempo dirá se o atual interesse considerável pela auditoria interna na The City University Business School [CUBS] irá perdurar. Espera-se que outras universidades venham a experimentar uma maior atenção a este tópico"* (**Chambers, (1978a) p.147**).

A serendipidade criou um nível de procura superior às expectativas. O Rayner Scrutiny of the Civil Service (1979-83) levou o governo de Thatcher a decidir que os muitos auditores internos não qualificados do governo deveriam tornar-se profissionalmente qualificados. Um concurso público levou a que a nova qualificação do IIA (Reino Unido) fosse preferida a uma alternativa do Chartered Institute of Public Finance & Accountancy. O CUBS concebeu um mestrado que também preparava os participantes para passarem os exames do IIA. Tratava-se de um programa a tempo parcial que implicava a frequência do CUBS durante treze semanas intensivas, separadas por blocos, ao longo de um período de dois anos, com a realização de trabalhos de curso durante os períodos entre blocos. A frequência do CUBS podia ser convenientemente programada nos planos de trabalho dos auditores internos, à semelhança das visitas de auditoria. Os participantes bem sucedidos podiam optar por um diploma de pós-graduação se decidissem não concluir uma dissertação de investigação, necessária para a obtenção do prémio de mestrado. O programa era tão vasto que, durante vários anos, suportou cinco docentes de auditoria interna a tempo inteiro e uma participação significativa de outros membros do corpo docente.

Chambers (1973, 1979a) propôs e, mais tarde, relatou os planos do IIA (Reino Unido) de introduzir um diploma que, em última análise, poderia ser um pré-requisito para a adesão, como o equivalente no Reino Unido ao programa Certified Internal Auditor (CIA) do IIA Inc. Este último foi lançado em 1972, tendo os primeiros exames sido efectuados em julho/agosto de 1974, o que levou à obtenção de mais de 1.000 CIAs plenamente qualificados em 1978. Em 1975, 40% dos auditores internos do Reino Unido consideravam necessária uma qualificação em auditoria interna e, em 1978, esta percentagem tinha aumentado para mais de 90% (**Chambers, 1979a, pp.21-22**).

Eventualmente, a acumulação de auditores internos não qualificados que trabalhavam no governo foi eliminada e tornou-se evidente que a principal procura era então a de um curso de mestrado a tempo inteiro, principalmente para participantes estrangeiros. Outras universidades britânicas e europeias[14] tornaram-se activas de forma semelhante. Em 2011, o Mestrado (Gestão e Consultoria de Auditoria) do Centro de Auditoria Interna, Governação e Gestão do Risco da Universidade da Cidade de Birmingham obteve a isenção total dos exames profissionais completos do The IIA (Reino Unido): pode ser estudado a tempo inteiro, em regime de bloco ou através de um ensino à distância flexível. É provável que as modalidades de estudo flexíveis e o nível de isenções continuem a tornar atrativo o estudo da auditoria interna a nível de mestrado.

Para além do elevado nível de procura, os dois atributos da iniciativa dos CUBS que contribuíram para o seu sucesso foram: (a) desligar amplamente a auditoria interna da contabilidade, preferindo associá-la a uma escola de gestão, e (b) posicioná-la a nível de pós-graduação. A auditoria interna é a auditoria das operações em geral e não apenas das questões contabilísticas. É pertinente que as qualificações do Diploma e do Diploma Avançado do The IIA (Reino Unido), ao contrário das qualificações profissionais de contabilidade do Reino Unido, sejam consideradas pela sua entidade reguladora como sendo de nível de pós-graduação[15], e que um pré-requisito para os candidatos à qualificação internacional CIA seja a posse de um diploma de bacharelato ou equivalente.

O apoio financeiro externo ao CUBS manteve-se durante vários anos, depois de 1978, proveniente da BP. Uma *contrapartida* era o facto de o titular do cargo passar seis semanas por ano como auditor interno no departamento de auditoria interna da BP. Esta experiência resultou, *nomeadamente,* no desenvolvimento de uma fórmula de risco de auditoria para a avaliação das necessidades de auditoria, que será analisada mais adiante.

Seria prejudicial para qualquer reivindicação de estatuto profissional por parte da auditoria interna se esta não estivesse representada a nível universitário e com membros cruzados entre (a) os seus representantes universitários, (b) os que prestam serviços de auditoria interna aos clientes e (c) os que cultivam o organismo profissional.

Recentemente, com alguma justificação, chamou-se a atenção para uma certa falta de rigor empírico em alguns dos trabalhos de investigação publicados, bem como para a conveniência de colocar mais resultados de investigação nas principais revistas de investigação (Sarens, 2011).[16]

---

[14] por exemplo, a Universidade de Antuérpia.

[15] A Universidade Aberta (o organismo de acreditação) concede a um titular do diploma do Chartered Institute of Internal Auditors 60 créditos no nível 7 (QAA) e mais 60 créditos no nível de pós-graduação. Do mesmo modo, um titular do seu Diploma Avançado recebe mais 60 créditos em cada um destes dois níveis. Um equívoco comum é que estes créditos se referem apenas aos cursos da UO: podem ser utilizados em qualquer programa de ensino superior (à discrição de cada universidade, etc.): A UO é apenas o organismo de acreditação. A título de comparação, a ACCA já não consta da lista de organismos acreditados da UO, mas costumava ter uma classificação da UO de 15 créditos de licenciatura e 15 créditos de pós-graduação. A ligação é: http://www3.open.ac.uk/credit-rating/he-rated-organizations.shtm (acedido em 30 de julho de 2012).

[16] A partir de 1997, Andrew Chambers foi o editor geral fundador do *International Journal of Auditing* [Blackwell-Wiley,

Capítulo 3

O profissional de auditoria interna

Questões de pessoal

Se for válido afirmar que as profissões estão geralmente representadas a nível universitário, poderíamos esperar que muitos profissionais fossem licenciados. Se uma profissão exige que os seus membros dominem e apliquem conceitos por vezes muito abstractos, é pouco provável que os seus praticantes a exerçam apenas durante um curto período de tempo. É de esperar que exista uma margem considerável de progressão na profissão. Quando os membros da profissão encontram a sua progressão fora da profissão, seria de esperar que mantivessem a sua pertença profissional - especialmente se esta tivesse implicado uma formação longa e requisitos de entrada difíceis.

A tendência para as profissões se tornarem de entrada para licenciados começou na década de 1970, embora haja indícios de que agora possa estar a inverter-se. As "4 grandes" empresas de contabilidade estão a recrutar mais licenciados, por exemplo. A fim de recrutar a partir do mesmo conjunto intelectual, era inevitável que o recrutamento de licenciados pelas profissões se tornasse mais comum. Em 1972, menos de 5% dos alunos que abandonavam a escola no Reino Unido iam para a universidade. Em 1976, havia mais 40% de estudantes nas universidades britânicas do que em 1972 (**Chambers, 1977, p. 7**). Atualmente, quase metade dos alunos que abandonam o ensino secundário no Reino Unido vão para a universidade.

Uma estimativa de 1974 do número de auditores internos no Reino Unido apontava para cerca de 15.000 (**Chambers, 1974a**). Em 2008, um inquérito da YouGov para o The IIA estimou-o em 109.000 em todas as organizações do Reino Unido (excluindo firmas profissionais) que empregam mais de 50 funcionários; mas como a YouGov descobriu que muitos combinavam o trabalho de auditoria interna com outras funções, o ETI[17] foi estimado em 36.000. O IIA estima que 20-25% dos seus 8.000 membros são auditores internos de carreira (ou "profissionais") a tempo inteiro.

> *É interessante examinar o crescimento da cobertura da auditoria interna nas organizações. 243 organizações responderam ao inquérito mundial de 1975 a 800 organizações selecionadas aleatoriamente entre os membros do The IIA. Estas empresas empregavam 3.870.714 pessoas e tinham*

ISSN 1090-6738], cuja política editorial inclui a publicação de artigos revistos pelos pares sobre os resultados da investigação em matéria de auditoria interna (Chambers, 1997-2004).

[17] FTE - Equivalente a tempo inteiro.

4.156 auditores internos - um rácio de um auditor para cada 931 funcionários. Em 1968, havia 308 inquiridos que empregavam 3.913.086 e tinham 3.900 auditores internos - um rácio de 1:1.003. Num inquérito realizado no Reino Unido, com 387 inquiridos, estavam empregados 3 359 992, com 2 801 auditores - um rácio de 1:1 200. O número alemão manteve-se constante em 1963 e 1973, com um rácio de 1:1.429". (**Chambers, 1979a, p17**)

O crescimento do número de membros do The IIA é indicativo do aparecimento da auditoria interna como uma ocupação, quer seja ou não uma profissão (**Chambers, 1979a**; The IIA, 1976a; The IIA, 1976b):

	Global	**UK**
1941	24	
1955	3,000	
1965	6,000	
1973	8,	000450[18]
1975	12,000	
1979	16,	0001,100
2012	180,0008	,000

Um grande inquérito realizado no Reino Unido em 1975-6 revelou que não existiam auditores internos licenciados *em auditoria interna* e que os departamentos de auditoria interna não tinham conseguido recrutar licenciados em gestão. Apenas 12,9% dos auditores internos eram licenciados nessa altura. Nessa altura, o Institute of Cost & Management Accountants (35%) era o organismo mais procurado para se obter uma qualificação no âmbito da auditoria interna (ACCA 13%), apesar de o primeiro, ao contrário do segundo, não efetuar exames no domínio da auditoria (**Chambers, 1977c, p.62, pp.72-73 e pp.76-77**).

Em 1975-6, a permanência típica na auditoria interna dos que tinham acabado de sair tinha sido de 3% anos no sector privado e 2% anos no sector público (ou 1% anos para os que foram transferidos para outro emprego no mesmo empregador do sector público; o mesmo auditor interno do sector privado permaneceu o dobro do tempo) (**Chambers, 1977c, pp.61-65**). A duração média de permanência, incluindo os que ainda não tinham deixado ...

O tempo de serviço não pode ter sido superior a 4,4 anos e é provável que se tenha aproximado dos 3,5 anos indicados pela análise das saídas. (**Chambers, 1977c, pp.66**).

---

[18] A secção de Londres do The IIA era a maior de quatro secções no Reino Unido e tinha mais de 300 membros (The Accountant, 1973, *Internal auditors' certification scheme,* 15 de fevereiro, pp.202-3). As outras secções eram muito mais pequenas, somando provavelmente mais 150 membros ao total do Reino Unido.

Foi pedido aos auditores internos licenciados que avaliassem as suas expectativas profissionais no pico da sua carreira. A maioria (52% de todas as idades) esperava atingir o nível de direção ou equivalente. Os licenciados mais jovens não tinham expectativas tão elevadas, possivelmente por não conseguirem ver tantos passos em frente. Os auditores licenciados com idades compreendidas entre os 25 e os 40 anos eram os que tinham maior confiança em atingir o nível de direção (cerca de 59%). Por conseguinte, sugeriu-se que a auditoria interna, enquanto atividade profissional, ajuda a concretizar as ambições finais de ocupar cargos de direção. A transição da maior confiança nas perspectivas futuras na casa dos 30 anos para um ponto de vista mais modesto na casa dos 40 anos é coerente com os resultados obtidos noutros locais (Dalton, et al, 1971), segundo os quais os empregados atingem o seu pico de desempenho em meados ou finais dos 30 anos (**Chambers, 1977c, pp.70-1**).

O cargo mais elevado de todos (auditor interno chefe) não tinha frequentemente um nível suficientemente elevado para incentivar os bons funcionários a permanecerem na auditoria interna, especialmente porque a maioria dos auditores internos licenciados tinha aspirações a nível de direção (**Chambers, 1977c, pp.69**).

Não houve sucesso geral, pelo menos no sector privado, em proporcionar oportunidades de carreira na auditoria interna. A insatisfação profissional significativa entre os auditores internos pode, em parte, ter sido devida à natureza bastante superficial da auditoria interna em departamentos com pessoal transitório (**Chambers, 1977c, pp.65-6**).

Atualmente, um maior número de chefes de auditoria interna encontra-se em níveis superiores nas suas entidades, o que tende a proporcionar melhores oportunidades de progressão na carreira aos auditores internos que lhes estão subordinados. Mais adiante, discutimos (a) a satisfação profissional na auditoria interna e (b) a evolução da interface da auditoria interna com os conselhos de administração. Embora não tenhamos provas empíricas para apoiar a afirmação, seria de esperar níveis mais elevados de satisfação profissional dos auditores internos e uma permanência mais longa na função, devido à maturação da ocupação e à obtenção de um estatuto profissional.

Aspectos comportamentais

O atual debate sobre a eventual criação de empresas de auditoria externa "puras" para reforçar a independência dos auditores externos levou à resposta das "4 grandes" de que tal tornaria mais difícil atrair os melhores talentos para essas empresas. As profissões exigem tanto independência como talentos de topo.

Relativamente à "independência", *as normas* do IIA exigem que os auditores internos nunca subordinem o seu juízo sobre questões profissionais ao de outros.[19] É geralmente mais difícil para um profissional que trabalha numa organização do que numa unidade profissional autónoma, como uma prática profissional, ser profissional no que diz respeito à independência, objetividade e outras questões (**Chambers, 1981a, pp.268-274**).

As questões comportamentais da auditoria interna, incluindo o conflito de funções, foram exploradas com alguma profundidade (**Chambers, 1982; 1986; 2005a, pp.120-133; 2009b, pp.108-121**). Apenas dois terços dos auditores internos licenciados consideraram a auditoria interna como um trabalho satisfatório (**Chambers, 1977a, pp.2, 14-16 e 23; 1979a**). Os mesmos estudos concluíram que os estudantes classificavam a auditoria interna de forma irrealista como um trabalho suscetível de ter qualidades desejáveis e que também tinham ideias erradas sobre a natureza do trabalho de auditoria interna (**Chambers, 1977a, pp.3, 36-45**).

As primeiras investigações tendiam a confirmar a distinção bipolar de Herzberg (1943) entre factores de higiene e motivadores, ao constatarem que os auditores internos classificavam as boas condições de trabalho como sendo *desejáveis* (94%), enquanto apenas 31% as classificavam como *muito importantes.* (**Chambers, 1977a, pp.2 e 17; 1986**). Aplicando a hierarquia das necessidades de Maslow (1943), foi também demonstrado que os auditores internos apresentavam um défice de necessidades mais elevado do que outros grupos (**Chambers, 1978e**) e que este era particularmente pronunciado a níveis iguais ou superiores à necessidade de "estima" de Maslow, sugerindo que existia um problema com a imagem dos auditores internos. O mesmo estudo sugeria que a crescente profissionalização da auditoria interna contribuiria, com o tempo, para reduzir este problema (**Chambers, 1982, pp.112-7**). Mas a presença de uma lacuna nas expectativas da auditoria interna, tal como acontece com a auditoria externa, significa que isto continua a ser um desafio (**Chambers, 2006, p.43**). Liggio (1974) cunhou a expressão "défice de expectativas" em relação à auditoria externa[20 21] , que foi desenvolvida por Porter (1990)21.

[19] Definição de "Objetividade" da Norma 1100 e do Glossário de *Normas* de 2011.

[20] Liggo definiu este hiato de expectativas como "*um fator dos níveis de desempenho esperado, tal como previsto tanto pelos contabilistas independentes como pelo utilizador das demonstrações financeiras. A diferença entre estes níveis de desempenho esperado é o hiato de expectativas".*

[21] Porter descreveu-o como um "fosso entre as expectativas de auditoria e o desempenho", tendo assim duas componentes principais:

"a) Um desfasamento entre o que a sociedade espera que os auditores alcancem e o que se pode razoavelmente esperar que alcancem (designado por "desfasamento de razoabilidade");

b) Um desfasamento entre o que a sociedade pode razoavelmente esperar que os auditores alcancem e o que se considera que eles alcançam (designado por "desfasamento de desempenho"):

i. um desfasamento entre o que se pode razoavelmente esperar dos auditores e os deveres actuais dos auditores, tal como definidos na lei e nas promulgações profissionais ("normas deficientes"); e

ii. um desfasamento entre os deveres actuais dos auditores e o seu desempenho, tal como é entendido pela sociedade ("desempenho deficiente"). '

Competências autónomas

As grandes revoluções sociais da nossa história reflectem a criação de novos conceitos que, apesar de envolverem uma agitação radical, se enraízam durante um período de tempo considerável." (Mumford & Ward, 1968).

O padrão tem sido o de um período de crescimento explosivo associado a um interesse considerável por parte da gestão, seguido de uma consolidação menos agitada... a auditoria interna moderna teve a sua vez e há sinais de que está a assentar num papel mais estável, tal como a atenção da gestão está a voltar-se para o desenvolvimento da gestão do risco". **(Chambers, 1976a, p3)**

As principais áreas em que o corpo teórico sistemático da auditoria interna evoluiu têm a ver com a natureza e o âmbito do trabalho de auditoria interna, a consideração do risco no planeamento da auditoria e a abordagem ao trabalho de auditoria. *As normas* do IIA exigem agora que a atividade de auditoria interna

avaliar e contribuir para a melhoria dos processos de governação, gestão de riscos e controlo, utilizando uma abordagem sistemática e disciplinada".[1,1]

Chambers (2012a, pp.355-6) remonta a 1953[22 23] , mas a expressão "governação empresarial" passou a ser mais utilizada na década de 1970. Chambers (**2010, cap.4**) representa-o esquematicamente como nas Figuras 1 e 2 (abaixo), incluindo controlo interno, gestão do risco e processos de governação.

Figura 1

A relação entre governação, gestão do risco e controlo interno

[22] Norma 2100(2011).

[23] A frase "Seria também necessária flexibilidade no governo das sociedades" foi utilizada por Cavers (1953). Após 1953, parece ter havido um hiato até à Harvard Law Review (1960): "Uma das secções mais estimulantes do livro de Eells ... é a que trata do governo das sociedades". Tricker (1976, p.68) utilizou a expressão "governo das sociedades" e popularizou-a em 1984.

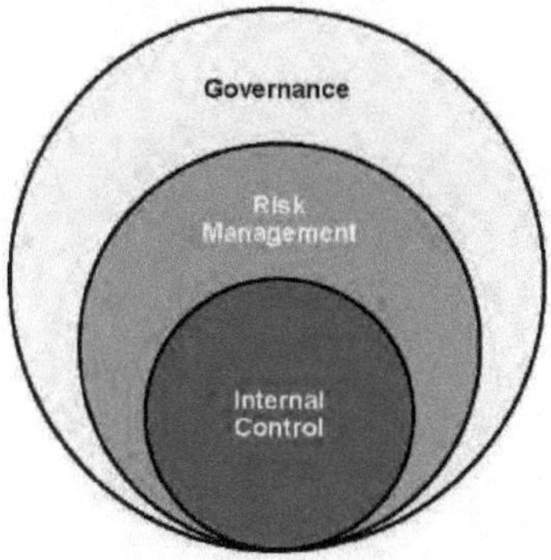

A auditoria interna centra-se principalmente nos processos de governação no que se refere aos seus aspectos internos (Figura 2). A eficácia do próprio conselho de administração é outro aspeto da governação empresarial suscetível de ser analisado pela auditoria interna (**Chambers, 1997b, pp.4-10; Chambers, 2012a, pp.42-52**[24]), tal como certos elementos dos processos de governação externa.

Coloca-se a questão de saber se a auditoria interna se transformará numa forma de dar mais garantias às partes interessadas externas. A auditoria interna já tem a obrigação de apresentar relatórios sobre determinadas questões a entidades reguladoras, como a Autoridade dos Serviços Financeiros do Reino Unido ou o Conselho de Financiamento do Ensino Superior do Reino Unido (**2009b, p.601**). Já na década de 1970, um relatório sobre a auditoria interna, com um parecer global, aparecia anualmente no relatório anual da Anglian Water, dirigido aos proprietários e a outras partes interessadas externas que optassem por o ler (**Chambers, 1998; 2005a, pp.489-495; 2009b, p.600)**. Já na década de 1970, na Suécia, os auditores internos desempenhavam o papel de garantir aos representantes dos trabalhadores a fiabilidade das informações a que estes tinham direito por lei (**Chambers, 1979a**). Atualmente, os relatórios de auditoria interna dos organismos públicos do Reino Unido, especialmente das autoridades locais, aparecem nos seus sítios Web. É evidente que o trabalho de auditoria interna de rotina pode ter impacto nas demonstrações financeiras que são publicadas. Assim, o envolvimento da auditoria interna nos aspectos externos da governação das empresas não é já negligenciável.

Figura 2

A relação entre a governação, a gestão do risco e o controlo interno, bem como

[24] E em cada uma das quatro edições anteriores deste *Manual*, a partir de 2002.

as componentes da governação

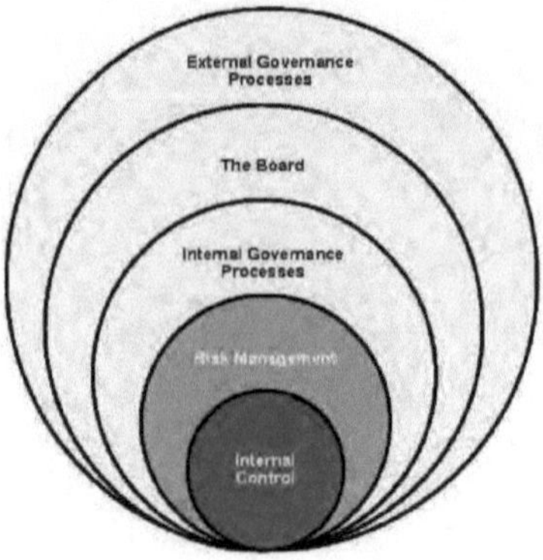

A auditoria interna centra-se cada vez mais no controlo interno

Na década de 1940, a auditoria interna de vanguarda era então considerada como a avaliação independente da eficácia do controlo interno e vimos que o âmbito da atenção da auditoria interna se limitava então em grande medida a questões contabilísticas e financeiras. Esta orientação para o controlo interno manteve-se, pelo menos, até à década de 1970:

> *'os auditores internos existem para fornecer uma avaliação independente da eficácia do controlo interno'.* (**Chambers, 1975a, p.98**).

O próprio conceito de controlo interno foi mudando ao longo do tempo (**Chambers, 2005a, cap.B2.2**).

Chambers (1978b, p.95; 1979a) referiu-se ao importante trabalho de que uma função consultiva e de auditoria operacional requer "valores partilhados" (Morgan e Pattinson, 1975; Morgan, 1976) e ao trabalho de Burns & Stalker (1961), bem como ao trabalho de Woodward (1965), segundo o qual as abordagens orientadas para o controlo podem ser disfuncionais.

A primeira definição autorizada de controlo interno (AICPA, 1948) foi publicada em projeto em 1947. Era uma definição bastante ampla, mas não tão ampla como a definição atual. Limitava o controlo interno aos "métodos e medidas" da empresa, mas exprimia amplamente os objectivos do controlo interno como a) a salvaguarda dos activos, b) a exatidão e a fiabilidade dos dados contabilísticos, c) a eficiência operacional e d) a adesão às políticas de gestão (**Chambers, 1976b, p.110**; AICPA, 1948). Em 1972, a definição equivalente de controlo interno não fazia qualquer referência específica à contabilidade, integrando-a na "eficiência operacional" (**Chambers, 1974a; 1976b, p.110**). Durante todo este tempo, a "gestão" estava incluída no âmbito do controlo interno, sem qualquer referência específica ao "conselho de administração" ou a "outro pessoal".

Foi em 1992 que um comité de cinco organismos profissionais dos EUA (COSO), do qual o The IIA foi sempre a parte mais ativa, definiu o controlo interno na sua forma atual. Em 2011, o COSO apresentou um quadro de controlo interno revisto, embora não tenha proposto qualquer alteração à definição propriamente dita:

> *O controlo interno é definido em termos gerais como um processo, levado a cabo pelo conselho de administração, pela direção e por outro pessoal da entidade, concebido para proporcionar uma garantia razoável quanto à realização dos objectivos das seguintes categorias*
>
> - *Eficácia e eficiência das operações.*
> - *Fiabilidade da informação financeira.*
> - *Cumprimento das leis e regulamentos aplicáveis. '*

Esta definição do COSO é amplamente aceite em todo o mundo. A maioria das entidades sujeitas à lei Sarbanes-Oxley de 2002 utiliza a estrutura de controlo interno do COSO para efeitos de cumprimento da s404 (**Chambers, 2010, cap.8; 2012a, cap.E3**): uma regra da SEC exige que seja utilizada uma estrutura reconhecida e desenvolvida externamente. Embora, ao contrário das *normas* de auditoria interna, a definição do COSO não destaque a salvaguarda dos activos, o COSO inclui-a no seu objetivo "operações".

O controlo interno, tal como definido pelo COSO, é agora, com uma exceção, tudo o que contribui para alcançar todos os objectivos da entidade. Assim, é mais amplo do que "métodos e medidas", abrangendo, adicionalmente, por exemplo, questões como valores, ética e liderança. A exceção é que o controlo interno do COSO não inclui a definição de objectivos. Pelo contrário, é tudo o que é feito para dar uma garantia razoável da realização dos objectivos. Trata-se de uma falha concetual, uma vez que a realização de objectivos globais implica a definição de objectivos menores; e a realização desses objectivos menores implica normalmente a definição de objectivos ainda menores. Assim, o COSO deveria ter apresentado a "definição de objectivos" como uma das componentes essenciais do controlo interno - o que fez para o seu quadro de gestão do risco empresarial (COSO, 2004), permitindo-lhes admitir que este último é, portanto, um dos componentes essenciais:

'uma concetualização mais robusta'.

Auditoria do controlo operacional

Trabalhos anteriores anteciparam a definição do COSO de 1992 de controlo interno como tendo a finalidade de fornecer uma garantia razoável da realização dos objectivos em geral:

> *A auditoria interna eficaz é certamente mais difícil quando as bases do auditor e da entidade auditada são mais díspares, o que acontece frequentemente na auditoria de I&D; mas o terreno comum está a aumentar. O auditor interno é um especialista em controlo interno, mas esforça-se por olhar para uma situação de auditoria através dos olhos da administração, a quem pretende ajudar a atingir os objectivos globais da organização. ... os meios de controlo devem ser adequados à operação e concebidos para ajudar a atingir os objectivos globais.* (**Chambers, 1978b; 1981a, cap.7**)

Utilizando a auditoria de I&D como estudo de caso, o estudo de 1978 testou empiricamente se os auditores internos tinham, nessa altura, alargado o seu âmbito de aplicação às operações de auditoria em geral e não apenas às questões contabilísticas e financeiras, como tinha sido discutido anteriormente (**Chambers, 1975a, p.98; 1975b, p.146**). É certo que a I&D não teria sido a operação mais simples para os auditores internos analisarem. Alguns inquiridos exprimiram pontos de vista negativos relativamente à realização de uma auditoria de I&D nessa altura, por exemplo:

> *Não existe qualquer exigência por parte da direção".*

e

> *A direção de I&D já tem problemas suficientes para gerir o seu departamento sem a intromissão da auditoria interna".*

e

> *É possível auditar um génio? Um auditor interno não teria aconselhado Newton a deixar de se sentar debaixo das árvores e a fazer um trabalho mais produtivo? '*

Mesmo assim, 36% tinham efectuado auditorias de I&D e outros 55% afirmaram que o fariam no futuro. Em 1974, 84% dos departamentos de auditoria interna declararam estar envolvidos em auditorias operacionais e 74% efectuaram auditorias especificamente sobre aspectos organizacionais (**Chambers,**

1974a, P-[42]).

Paradigmas de controlo alternativos

A definição e o quadro de controlo interno do COSO são construções artificiais e conceptuais. O controlo interno poderia ter sido definido de forma diferente. Existem paradigmas alternativos de controlo interno. Ver **Chambers (2010, cap.6)** para uma discussão mais completa do COSO e sugestões de paradigmas alternativos. O "controlo por supervisão e segregação" ou "controlo por divisão com supervisão" foi introduzido pela primeira vez como paradigma em Chambers (**1981a, App.1**) e no contexto das T.I. (**Chambers, 1981c, pp.18-20**) e posteriormente desenvolvido (**Chambers, 2005a, pp.379-388; 2009, pp.342-351**). O paradigma do "controlo por categoria" foi reforçado em **Chambers & Rand (2010, pp.137-9)**. O paradigma dos "sistemas/cibernética" foi abordado várias vezes ao longo da última década (Gleim, 2001, pp.33-35; **Chambers, 2003; Chambers e Rand, 2010, pp.130-135**).

> *Os sistemas são como organismos; são adaptações complexas a situações da vida real quase irremediavelmente complicadas"* (**Chambers, 1975b, p.3**).

Autoavaliação do controlo

Foi impressionante que, já em 1992, a definição de controlo interno do COSO colocasse o conselho de administração à frente da direção como responsável pelo controlo interno. Também juntava "outro pessoal" ao conselho de administração e à direção como responsáveis, implicando subtilmente o desenvolvimento da autoavaliação do controlo pela direção e pelo pessoal como meio de avaliar a eficácia do controlo para mitigar os riscos para a realização dos objectivos da entidade (**Chambers, 2005a, pp.363-379; 2009, pp.323-342; Chambers & Rand, 2010, cap.10**). Melville (2002) também explorou eficazmente as estruturas de controlo disponíveis no contexto da autoavaliação do controlo. Os seminários CSA são especialmente adequados para analisar processos ou projectos empresariais que envolvam dois ou mais departamentos da empresa: os processos que exigem coordenação entre diferentes partes da empresa têm menos probabilidades de estar sob controlo e podem merecer uma análise mais aprofundada (**Chambers, 2009, p.200; Chambers & Rand, 2010, pp.200-1**). Tem-se trabalhado na análise da entidade empresarial em vários ciclos económicos (**Chambers e Rand, 1997a, cap.16; Chambers, 2005c; 2010, cap.2**).

As TI, a fraude e o auditor interno

Nemo repentefuit turpissimus

("Nunca ninguém atingiu o clímax do vício num só passo") [25] [26]

As normas do IIA não exigem que os auditores internos

"possuir os conhecimentos especializados de uma pessoa cuja principal responsabilidade é a deteção e investigação de fraudes[16]

nem que todos os auditores internos devem

"possuir as competências de um auditor interno cuja principal responsabilidade seja a auditoria das tecnologias da informação [27]

Apesar de um início prometedor nos anos 70, a profissão não se concentra atualmente suficientemente na fraude e nas tecnologias da informação, cedendo assim a sua posição de liderança a outras profissões emergentes.[28]

Num documento que apresentava os resultados de uma investigação sobre a incidência e a natureza das

T.I.

fraude[29] , foi sugerido que

"o auditor que não é capaz de utilizar um pacote de investigação é o equivalente a um auditor cego que tem alguém a ler-lhe os registos contabilísticos manuais" (**Chambers, 1978c**).

O método dos dados de teste e os pacotes de investigação de auditoria já tinham sido descritos anteriormente, juntamente com a utilização de programas de auditoria residentes em sistemas em tempo real (**Chambers, 1975a, p.101; 1975b, pp.11-12 e 154; 1981d, pp.393-5**) - um prenúncio do atual enfoque intensivo na "auditoria contínua" (Marks, N., 2011).

Parece haver poucas dúvidas de que as técnicas de auditoria integradas, ou incorporadas, serão o

---

[25] Juvenal, (c.AD55-127), 2nd Satire, citado em **Chambers, A.D. (2006), p.42.**
[26] *Norma* IIA 1210.A2.
[27] *Norma* IIA 1210.A3.
[28] Respetivamente, a Association of Certified Fraud Examiners (ACFE) e a Information Systems Audit and Control Association (ISACA).
[29] O pouco claro Quadro 1 (p196) de **Chambers (1978c)**, que é um resumo dos dados sobre o abuso de computadores, é idêntico ao Quadro 16 (pp.178-9) de **Chambers, A.D. (1981c)**.

caminho a seguir no futuro. Com estes métodos, as rotinas de auditoria programadas são incorporadas no software da aplicação, de preferência com uma medida de proteção contra o escrutínio ou a modificação por terceiros. As rotinas de auditoria podem ser concebidas para monitorizar as transacções enquanto estão a ser processadas, anotando as que interessam ao auditor" (**Chambers, 1981b, p.293**).

A pirataria informática foi também apontada como uma questão suscetível de emergir como importante:

> *'Os magos da matemática podem decifrar os códigos de utilizador dos concorrentes em menos de vinte e quatro horas, pelo que a alteração frequente do código de utilizador pode ser uma precaução inadequada'.* (**Chambers, 1975b, p.8**).

Foram apresentados argumentos a favor e contra a auditoria pré-evento, apoiados por dados empíricos (**Chambers, 1978b, p.96; 1981b; 1981d, pp.390-3**).

Numa fase inicial, foi formulada uma definição amplamente aceite de pista de auditoria (**Chambers, 1975b, p.11**).[30]

Custos de investimento em TI

É talvez engraçado que continuemos a enfrentar os mesmos desafios para controlar os custos do desenvolvimento de sistemas de T.I.:

> *As estimativas dos anos-homem necessários para desenvolver um novo sistema são frequentemente tão optimistas que é geralmente razoável duplicá-las para chegar a estimativas realistas. Muitos sistemas nunca teriam sido implementados se estimativas realistas de tempo tivessem sido a base da análise de custo-benefício'.* (**Chambers, 1975b, p.155**)

e:

> *numa altura em que a inflação está a atingir uma taxa anual de cerca de 25%, é encorajador notar que, desde que os custos e benefícios futuros aumentem a uma taxa igual à taxa de inflação geral, uma taxa de inflação mais elevada não tem qualquer efeito prejudicial sobre o valor atual líquido de um projeto proposto".* (**Chambers, A.D. (1974b, p.18; 1975b, p.158**).

[30] A pista de auditoria implica a preparação e retenção na organização: *(a)* durante um período de tempo adequado, *(b)* de forma razoavelmente acessível, e *(c)* com detalhe suficiente para satisfazer os auditores, de registos que permitam rastrear cada elemento contabilístico detalhado de qualquer transação, desde a sua origem4 , passando por cada fase intermédia, até à sua disposição final (ou disposições), quer seja de forma detalhada ou resumida, ou ambas; e vice-versa (isto é, a facilidade de utilizar os registos para rastrear em pormenor desde o resultado final (ou resultados), passando pelas fases intermédias, até à fonte inicial (ou fontes) da transação). ' (**Chambers, 1975 p.11**)

Capítulo 4

A auditoria interna centra-se cada vez mais na gestão do risco

Uma das cinco componentes essenciais do controlo interno, *de acordo com* o quadro COSO (1992), é a "avaliação do risco", que inclui a identificação e a compreensão dos riscos, bem como a resposta aos mesmos. Por conseguinte, não é surpreendente que, antes do quadro de gestão do risco empresarial (COSO, 2004), que adopta a perspetiva oposta, a maioria considerasse a gestão do risco como uma parte significativa do controlo interno. Por exemplo:

> *A gestão do risco é o processo de avaliação dos riscos enfrentados por uma organização e de desenvolvimento de estratégias para minimizar os seus efeitos. Consequentemente, a avaliação e a gestão dos riscos fazem parte da função de controlo".* (Gleim, 2001, p142);

e:

> *A gestão do risco é uma parte do sistema total de controlo interno que o auditor interno avalia e o auditor deve estar em condições de auditar a abordagem de uma empresa à gestão do risco".* (**Chambers, 1976a, p5**).

A relação entre os processos de governação, a gestão do risco e o controlo interno é discutida em profundidade noutro local (**Chambers, 2010, capítulos 4-6**).

Atualmente, a prática da gestão do risco é geralmente deficiente em dois aspectos. Em primeiro lugar, é frequente as entidades falharem, ou quase, quando são atingidas por vários lados por uma série de riscos que se materializam em simultâneo - o efeito "autocarros de Londres", que tende a aparecerem todos ao mesmo tempo. O registo de riscos e outras abordagens à gestão de riscos abordam demasiado frequentemente as ameaças individualmente e não coletivamente. Em segundo lugar, a prática da gestão do risco considera muito raramente a gestão de possíveis oportunidades futuras "positivas", limitando-se erradamente às ameaças "negativas" (**Chambers, 2005d**[31]).

A bibliografia de McNamee & Selim (1998), com 318 entradas, tem apenas uma entrada da década de 1970 que relaciona o RM com a auditoria interna (Fitzgerald, 1978).[32] O pensamento contemporâneo

[31] Baseado na sua conferência inaugural na London South Bank University, 30th novembro de 2004.
[32] Bickelhaupt (1971) terá sido o primeiro a considerar o papel do auditor interno na gestão do risco.

concorda com as seguintes articulações que estavam muito à frente do seu tempo:

> *A gestão dos riscos e a auditoria interna têm muito em comum. Tal não significa que a gestão do risco deva fazer parte da auditoria interna ou* vice-versa. *Os objectivos e as técnicas destas duas disciplinas de gestão são, na sua essência, distintos e uma não poderá prosperar se estiver vinculada à outra. A noção de um casamento entre estas duas especialidades é ... mal concebida. '* **(Chambers, 1976a, p. 4)**

e isso:

> *a distinção mais fundamental entre estas duas disciplinas de gestão é o facto de a gestão do risco fazer parte do sistema básico de gestão de linha, ao passo que a auditoria interna não o faz".* **(Chambers, 1976a, pp.5)**

e isso:

> *um departamento de gestão de riscos não usurpa as responsabilidades da direção em matéria de gestão de riscos, mas fornece um serviço de aconselhamento qualificado para ajudar a direção neste domínio".* **(Chambers, 1978d, p.38)**.

Chambers (1978d) antecipou as actuais *normas* do IIA, exigindo que o risco seja considerado (a) na determinação do plano de auditoria[33] , e (b) na determinação do enfoque no âmbito de uma auditoria :[34]

> *A gestão do risco tornar-se-á, sem dúvida, um domínio operacional que merece a atenção da auditoria interna. Os auditores internos, por sua vez, devem seguir os princípios da gestão do risco na determinação das prioridades de auditoria e na realização das auditorias".*
> **(Chambers, 1978d, p.34)**.

O mesmo documento indicava que não tinham sido efectuadas auditorias internas específicas da gestão do risco (0%), embora 38% considerassem que a gestão do risco devia ser tida em conta em todos os trabalhos de auditoria. Nessa altura, 13% consideravam que *deveria* ser realizada uma auditoria especial à gestão do risco, 74% consideravam que a gestão do risco deveria ser tida em conta nos trabalhos de auditoria em geral e 13% não tinham qualquer apetência pela gestão do risco. O documento sugeria que era provável que a falta de apoio a auditorias específicas da gestão do risco fosse uma consequência da dificuldade de conceber e projetar auditorias que não se centrassem num sistema ou segmento específico

[33] Norma 2010.
[34] Norma 2201.

da empresa. A gestão do risco *em si* foi então criada como uma função formal apenas numa pequena minoria de organizações. Consequentemente, escapou à atenção direta da auditoria, uma vez que não constava das listas habituais de potenciais áreas de auditoria. A maioria dos inquiridos (63%) referiu que a responsabilidade pela gestão do risco tinha sido atribuída a alguém dentro da sua organização, mas apenas como uma de muitas outras responsabilidades (**Chambers, 1978d, p.38**). No entanto, outro estudo concluiu que 94% tinham em conta os riscos relativos de diferentes operações ou sistemas contabilísticos e concentravam mais atenção na auditoria onde os riscos eram maiores (**Chambers, 1978b, p.96**).

Provavelmente, o primeiro questionário de controlo interno para auditar a gestão do risco foi desenvolvido cedo (**Chambers, 1976a; 1981a, cap.6 & App.2**).

Uma abordagem de risco para o planeamento de programas de futuros trabalhos de auditoria

Chambers não foi o primeiro a sugerir que o plano de auditoria interna dos trabalhos poderia basear-se, pelo menos parcialmente, numa avaliação dos riscos utilizando uma fórmula (Berkshire, 1973); o conceito viria a ser desenvolvido, aplicado e criticado extensivamente por Chambers. Em breve foi sugerida uma fórmula para classificar possíveis áreas de auditoria de gestão (**Chambers, 1976a, p.11**). Utilizando essa fórmula, sugeriu-se que actividades como a I&D ocupariam um lugar de destaque na lista de operações que mereciam uma análise de auditoria, mas apenas 31% utilizavam uma fórmula nessa altura (**Chambers, 1978b**).

Através de um extenso trabalho com os clientes, a estrutura da fórmula foi aperfeiçoada e foi melhorada uma metodologia para permitir que os auditores internos desenvolvessem as suas próprias fórmulas de acordo com esta estrutura. A metodologia foi extensivamente explicada e defendida (**Chambers, 1981a, cap.14; 1992, pp.40-145; Ridley e Chambers, 1998, pp.185-213**) com muitos exemplos desenvolvidos para clientes, bem como nos contextos especializados de avaliação das necessidades de auditoria para a auditoria de I.T. (**Chambers e Rand, 1994a, pp.6-40**) e para a auditoria de contratos (**Chambers e Rand, 1994b, pp.294-332**).

Uma abordagem de risco para planear a atenção no âmbito de um compromisso de auditoria

Embora também este conceito tenha tido as suas raízes nas ideias de outra pessoa[35] , o conceito, que na

[35] David Lewington, diretor de auditoria interna, aplicou um conceito um pouco semelhante na Nationwide Building

sua essência é uma matriz de controlo, foi desenvolvido consideravelmente e aplicado extensivamente (**Chambers, 1992, cap.9**), incluindo também no contexto da auditoria de I.T. (**Chambers & Rand, 1994a, todos os capítulos; Chambers & Court, 1991, cap.8**) e no contexto da auditoria de contratos (**Chambers & Rand, 1994b, todos os capítulos**).

Uma abordagem de risco para o planeamento a longo prazo da auditoria interna e de outras funções

Embora seja amplamente reconhecido que as funções de auditoria interna devem considerar o risco ao planearem os seus futuros programas de trabalhos de auditoria e também ao planearem cada trabalho de auditoria, é muitas vezes ignorado que o planeamento do desenvolvimento a longo prazo da função de auditoria interna também deve ter em conta o risco. Foi desenvolvida, testada e publicada uma metodologia para este efeito (**Chambers, 1992, cap.3**). A metodologia também foi aplicada à função de T.I. (**Chambers & Court, 1991, cap.7**).

Risco para a reputação

É esclarecedor para as entidades verem o risco através da lente da reputação. Provavelmente, os riscos que importam são os riscos de reputação. A reputação emergiu como o recurso crítico que determina o sucesso. A reputação é fundamental, não é efémera. O novo paradigma para a avaliação e atenuação dos riscos é a "avaliação e atenuação dos riscos de reputação". Um risco só é material se tiver um impacto na reputação. O risco de reputação é simplesmente a forma mais fiável de avaliar o risco empresarial e dá ênfase à sustentabilidade e às questões éticas - ambas se estão a tornar determinantes importantes do sucesso empresarial. Para tal, são necessárias "auditorias às oportunidades e vulnerabilidades da reputação". Foi sugerido que a empresa do futuro publicará relatórios auditados sobre a sua reputação. Os leitores dos relatórios anuais precisam de compreender a abordagem de uma empresa para cuidar da sua reputação. Tal como as auditorias ambientais requerem diferentes tipos de auditores, o mesmo acontecerá com as auditorias de reputação (**Chambers, 2000**). Um questionário de controlo interno para a auditoria do risco reputacional foi publicado em **Chambers (2005a, cap.C4 e B.2.3.1; 2009, cap.15).**

Uma questão fundamental é saber se a auditoria das oportunidades e vulnerabilidades de reputação a nível da empresa é uma responsabilidade da auditoria interna. A auditoria da gestão do risco expõe os auditores internos a considerações de auditoria social, pois as mudanças nas atitudes sociais e nas

---

Society no início dos anos 90 e anteriormente na Royal Insurance.

considerações sociais podem alterar drasticamente o risco (**Chambers, 1976a, p.8**).

... a auditoria interna deve ... realizar tarefas ... no domínio social mais vasto. ... Não tenho dúvidas de que haverá uma mudança relativa nas prioridades de gestão, das técnicas para as estruturas organizacionais e os valores sociais, e que a auditoria (interna ou externa) será alargada de modo a preocupar-se com o desperdício, a má administração, a poluição e a exploração. ... não há outro profissional mais bem equipado para se ocupar da auditoria social do que o auditor interno." (**Chambers, 1973, p.821**)

O âmbito dos processos de governação no trabalho de auditoria interna

Uma outra tendência futura será, provavelmente, a análise das atitudes da empresa por parte da auditoria interna, verificando se são coerentes com os objectivos globais e se são efetivamente compreendidas e aplicadas em toda a organização. As atitudes (em relação à inovação, ao trabalho, ao risco, à gestão dos recursos, ao desenvolvimento do pessoal, etc.) são os principais factores determinantes do êxito ou do fracasso da empresa - no entanto, são frequentemente deixadas ao acaso e, na verdade, muito raramente são objeto de uma análise independente. Há indícios de que a maioria dos auditores internos considera que estas questões devem ser incluídas no âmbito da auditoria interna" (**Chambers, 1979a; ver também 1978b**).

Preencher o vazio de garantias do conselho de administração

A crise financeira mundial que eclodiu em 2007 mostrou claramente que os conselhos de administração não estavam suficientemente conscientes dos riscos que as suas empresas corriam. Uma questão fundamental que tem de ser abordada é como podem os conselhos de administração obter a garantia de que necessitam de que as suas políticas estão a ser implementadas como pretendido pela gestão; e que não há "cascas de banana" ao virar da esquina, conhecidas ou não pela gestão, sobre as quais a entidade possa escorregar no futuro. Lenz e Sarens (2012) citam extensivamente **Chambers (2008a)** sobre esta questão.

Os conselhos de administração estão expostos a um vazio parcial de garantias que precisa urgentemente de ser preenchido. Se a auditoria interna puder dar um novo salto qualitativo, tal como a auditoria interna fez noutros aspectos no passado, então a auditoria interna pode satisfazer esta necessidade". (**Chambers, 2008a, p.47**).

Marks (2010) escreveu:

Chambers apresenta o argumento convincente de que a auditoria interna deve reportar não só funcionalmente, mas também administrativamente ao diretor independente principal do conselho de administração, e o orçamento da auditoria interna deve fazer parte do orçamento do conselho de administração. (**Chambers, 2008a; 2008b; 2008c; 2009a; 2009b, cap.19**).

Comités de auditoria

Os comités de auditoria remontam a 1872 (**Chambers, 2006**). Na década de 1970-80, Sir Brandon Rhys-Williams fez campanha no parlamento britânico para a sua introdução obrigatória no Reino Unido; e o Código Cadbury de 1992 deu finalmente início à sua adoção generalizada em todo o Reino Unido (**Chambers, 2012a, cap.E8**). Os seus deveres e responsabilidades foram explorados em profundidade (**Chambers, 2012a, caps. El a E8**). O comité de auditoria está a tornar-se um fórum mais eficaz para coordenar o trabalho dos diferentes especialistas em garantia de fiabilidade (**Chambers, 2006, p.53**). Já em 1994, foi sugerido que os comités de auditoria o fizessem (APB, 1994).

Embora, recentemente, a monitorização do risco de reputação tenha assumido maior importância no campo de visão do comité de auditoria (**Chambers, 2000**), à medida que mais empresas criam comités de risco separados do conselho de administração, é provável que a supervisão do risco recaia menos sobre o comité de auditoria.

Estudos realizados em 1978 revelaram que apenas 13% das principais empresas britânicas dispunham então de um comité de auditoria (**Chambers e Snook, 1978f; 1979b**). As melhores práticas evoluíram consideravelmente desde então. Esse estudo revelou que, dos 31 comités de auditoria, 4 eram "Finanças e Auditoria", representando a auditoria uma extensão recente do seu âmbito.[36] Surpreendentemente, os administradores não executivos não foram referidos como sendo um dos principais impulsionadores da criação do comité de auditoria - o presidente, o conselho de administração no seu conjunto ou a direção de topo foram os impulsionadores.[37] A auditoria interna foi mencionada com um terço da frequência da auditoria externa no contexto das responsabilidades do comité de auditoria. Normalmente, o comité reunia-se apenas três vezes por ano, durante duas ou três horas. Embora excecional, a análise dos relatórios anuais da BP mostra que, em média, o comité de auditoria da BP se reuniu 13 vezes em cada

[36] É atualmente aceite que o comité de auditoria deve ser independente da tomada de decisões financeiras.

[37] É surpreendente porque o comité de auditoria constitui um fórum muito necessário para os administradores não executivos obterem garantias de que as demonstrações financeiras, pelas quais no Reino Unido têm responsabilidade conjunta e solidária com os outros administradores, são fiáveis.

um dos 8 anos que terminaram em 2010. Em 1978, a composição típica era composta por um diretor executivo e três diretores não executivos: apenas 4 dos 31 identificaram os membros no seu relatório anual. O presidente ou vice-presidente do conselho de administração era normalmente o presidente do comité de auditoria, mas ocasionalmente esta função era desempenhada pelo diretor executivo.

Auditoria difusa

É de esperar um desenvolvimento contínuo daquilo que o autor designou por "auditoria difusa". Por exemplo, os relatórios narrativos estão a tornar-se mais importantes do que têm sido e é de esperar que sejam tomadas medidas progressivas para garantir que os relatórios narrativos sejam auditados, apesar de serem mais subjectivos e menos normalizados do que as demonstrações financeiras. É também de esperar que a "auditoria difusa" seja aplicada com mais frequência para garantir a fiabilidade das questões em que a parte auditada não faz qualquer declaração, seja ela quantitativa ou narrativa. Uma caraterística da "auditoria difusa" será provavelmente uma maior utilização, por parte de quem presta garantias, de relatórios de garantia longos e discursivos em vez de pareceres de auditoria curtos e padronizados. É mais provável que aqueles que prestam garantia no futuro abordem oportunidades de melhoria contínua nos seus relatórios de garantia (**Chambers, 2006, p.53**).

Num contexto em que a "auditoria difusa" é suscetível de se tornar mais comum, pode parecer descabido prever que a auditoria futura se tornará mais profunda e menos superficial. Mas notamos um desencanto com a falta de rigor profundo aplicado atualmente por tantos auditores internos e externos. No caso dos auditores internos, essa falta manifesta-se através de uma confiança excessiva em entrevistas e de uma utilização mínima de testes pormenorizados. Tanto para os auditores externos como para os internos, manifesta-se em certos aspectos das respectivas abordagens baseadas no risco (**Chambers, 2006, p.53**).

A dimensão do interesse público

O IIA tem sido dolorosamente lento na articulação do comportamento adequado dos auditores internos relativamente ao que pode ser coloquialmente designado por "denúncia de irregularidades". Um estudo concluiu que:

> *...se exercido de forma responsável, é improvável que um auditor interno seja julgado pelos seus pares profissionais como estando a violar o Código de Ética existente da profissão devido à denúncia de irregularidades, uma vez que o Código de Ética aborda esta questão, embora de forma oblíqua,*

equilibrando os deveres de lealdade, prudência e confidencialidade com os deveres de legalidade, propriedade, objetividade e diligência. (**Chambers, 1995**).

Desde então, o termo "lealdade" foi retirado do Código. Numa tentativa de abordar a questão de forma mais eficaz, o atual Chartered Institute of Internal Auditors do Reino Unido, em 2012, complementou o Código com um novo "Princípio do Profissionalismo - agir no interesse público", que diz o seguinte

> *Agir no interesse público implica ter em conta os interesses legítimos daqueles que confiam na objetividade e integridade da garantia sobre a governação e a gestão do risco, incluindo o controlo, que a profissão de auditoria interna fornece para apoiar o funcionamento ordenado e a propriedade das organizações. Estes incluem empregadores, empregados, investidores, a comunidade empresarial e financeira, clientes, reguladores e governo. Esta confiança impõe uma responsabilidade de interesse público à profissão de auditoria interna.*
>
> *Os auditores internos profissionais devem ter em consideração o interesse público e uma perceção razoável e informada do público ao decidirem as medidas a tomar, tendo em conta que o nível e a natureza do interesse público variam consoante as organizações, em função do seu papel, dimensão, importância sistémica ou proeminência pública.*
>
> *Por conseguinte, a responsabilidade de um auditor interno profissional não consiste exclusivamente em satisfazer as necessidades de um empregador ou cliente individual. Ao atuar no interesse público, o auditor interno profissional deve observar e cumprir os requisitos éticos do presente Código.*

Conclusões

Ao concluir que a auditoria interna *é* uma profissão, estou ciente de que alguns poderão questionar a necessidade de colocar esta questão. A minha resposta é que as profissões, mais ainda do que outros grupos profissionais, têm normas éticas fortemente definidas que devem ser respeitadas para servir o interesse público, bem como a obrigação de os seus praticantes atingirem e manterem um elevado nível de competência especializada que só pode ser alcançado através da aplicação diligente da aprendizagem e da prática.

Esta tese, baseada necessariamente numa seleção dos trabalhos publicados pelo autor, não pode pretender tratar todas as questões relacionadas com o facto de a auditoria interna ser ou não uma profissão. No entanto, foi possível pintar uma tela suficientemente ampla para permitir a formulação de conclusões, apesar de a natureza e a extensão dos atributos de uma profissão não serem universalmente subscritas por todos os investigadores e comentadores, e de diferentes profissões apresentarem atributos profissionais variados em diferentes combinações e graus.

Foi possível demonstrar que, à medida que a auditoria interna desenvolveu a sua especificidade profissional, emergiu da profissão contabilística, embora não em detrimento do estatuto profissional da contabilidade. A complexidade crescente da sociedade tende a exigir uma maior especialização, levando a que os ramos de profissões estabelecidas se desenvolvam ao longo do tempo como profissões distintas por direito próprio. Já referimos anteriormente que a profissão de auditoria interna cedeu terreno às profissões emergentes ISACA e ACFE. Agora, no Reino Unido, a auditoria interna está a ceder terreno a especialistas em gestão de riscos separados, representados pelo The Institute of Risk Management e pelo AIRMIC.[38] Tal como acontece com a contabilidade, esta situação não conduz necessariamente ao declínio futuro da auditoria interna. No entanto, a auditoria interna deve ter o cuidado de evoluir para responder às novas necessidades, em especial para servir mais a nível da governação, a fim de evitar ser eclipsada por outros grupos profissionais.

O IIA tem sido bastante pró-ativo no sentido de garantir que muitos dos atributos de uma profissão estão em vigor. Mas, em última análise, um grupo ocupacional só pode alcançar o estatuto profissional se houver um imperativo social para que assim seja. A necessidade de os conselhos de administração receberem garantias mais fiáveis e independentes sugere que continua a ser necessária uma maior profissionalização da auditoria interna.

Pode não haver um bom vento pela frente. O facto de os auditores internos terem saído ilesos da crise financeira global que começou em 2007-8 teve o preço considerável de os líderes de pensamento concluírem que os auditores internos são, de facto, meros intervenientes no preenchimento do vazio de garantia parcial dos conselhos de administração e da gestão de topo, e que a perspicácia da auditoria interna sobre os riscos externos e sistémicos está para além do seu âmbito (**Chambers, 2012a, cap. 2, pp.36-38**). Perdeu-se uma grande oportunidade. Em contrapartida, os gestores de risco foram alvo de um opróbrio considerável, mas, consequentemente, reforçaram o seu papel posteriormente.

Se há alguma consolação neste facto, é que as profissões tendem a fragmentar-se à medida que as especialidades emergentes requerem um enfoque mais intenso e desenvolvem a sua própria identidade. Isto sugere que a auditoria interna pode estar a entrar na fase de maturidade de uma profissão. Se assim for, significa que podemos esperar uma evolução e um reforço futuros da função de auditoria interna menores do que os registados nos últimos 100 anos. O desafio consistirá em evitar o seu declínio.

Nalguns aspectos, a auditoria interna apresenta as caraterísticas de uma profissão com maior clareza do que algumas outras profissões. Por exemplo, o Reino Unido e a Irlanda têm seis organismos profissionais de contabilidade distintos, ao passo que a auditoria interna está fortemente integrada a nível mundial sob um Código de Ética e *Normas* comum. Os três grupos organizacionais distintos, que caracterizam as profissões

[38] Associação dos Gestores de Seguros e de Riscos da Indústria e do Comércio.

mais desenvolvidas, estão em vigor para a auditoria interna: são as organizações que prestam o serviço, que proporcionam consciência de grupo e que desenvolvem conhecimento e talento.

É indubitável que a auditoria interna recorre a um conjunto sistemático de conhecimentos adquiridos pelos seus membros, em parte através do estudo aprofundado de princípios bastante abstractos. As qualificações profissionais do Reino Unido em matéria de auditoria interna são acreditadas a nível de pós-graduação, enquanto as qualificações profissionais dos organismos de contabilidade são consideradas, em termos gerais, equivalentes ao primeiro grau. Os dados indicam que a dimensão da carreira de auditoria interna e a tendência para manter a qualificação profissional de auditoria interna mesmo quando se deixa de exercer a atividade de auditoria interna estão a aumentar - como seria de esperar de um organismo profissional que exige agora uma aplicação concentrada para se qualificar.

Uma das caraterísticas de muitas profissões é a autoridade sancionada pela comunidade, associada a direitos exclusivos de exercício. Por exemplo, todas as empresas, exceto as pequenas, são obrigadas por lei a efetuar uma auditoria externa por um membro aprovado de um organismo profissional de contabilidade reconhecido. Os direitos de monopólio para efetuar estas auditorias são, em grande medida, conferidos a um oligopólio de grandes empresas e impostos aos clientes sem qualquer possibilidade de evitarem ser auditados. Os auditores externos são obrigados a realizar o seu trabalho de acordo com normas de auditoria complexas, e pode argumentar-se que isto encoraja uma abordagem do tipo "tick box", diminuindo a perspicácia do auditor externo e o ceticismo da auditoria. Muitos questionam se o mercado da auditoria externa funciona de forma eficiente e, na verdade, se não deveria ser o mercado e não os estatutos a decidir se é necessária uma auditoria das demonstrações financeiras.

É certo que a auditoria interna não tem o mesmo grau de autoridade sancionado pela comunidade, embora a concessão de uma carta real em 2011 seja um passo nessa direção. Apenas em algumas organizações existe um requisito obrigatório para a auditoria interna. Mesmo nessas organizações, o âmbito e a abordagem da auditoria interna podem ser mal definidos e, em muitas delas, pode não haver qualquer exigência de que os auditores internos sejam membros qualificados do organismo profissional de auditoria interna.

Isto significa que a supervisão pelo organismo profissional de auditoria interna, incluindo a extensão da sua autoridade disciplinar, é menor do que em muitas outras profissões. A supervisão do IIA sobre as suas *Normas* é, no entanto, em alguns aspectos, análoga à supervisão do Financial Reporting Council sobre a conformidade das empresas cotadas com o Código de Governo das Sociedades do Reino Unido, que o FRC descreve como "soft law".[39] É possível que a "soft law" seja uma melhor guardiã da qualidade do que a lei ou

[39] Uma derivação do conceito de "soft power" de Joseph Nye (2004), que foi descrito como a capacidade de obter o que se pretende através da atração e não da coerção.

a regulamentação rígida.

Sugestões para investigação futura

Uma área importante para investigação futura é explorar mais aprofundadamente se as relações da auditoria interna com a administração restringem a qualidade da garantia que a auditoria interna é capaz de fornecer ao conselho de administração, se existe uma apetência a nível do conselho de administração para que a auditoria interna preencha em maior medida o atual vazio parcial de garantia do conselho de administração e que transformações da auditoria interna seriam necessárias para "acelerar o processo".

Várias questões poderiam ser exploradas em estudos longitudinais, talvez ancorados em dados anteriores referenciados nesta tese. As questões a explorar ao longo do tempo incluem as seguintes:

- Alterações na satisfação profissional dos auditores internos e causas;
- Perceção da auditoria interna pela comunidade, pelos estudantes, pela direção e pelo conselho de administração;
- Tendências no âmbito da auditoria;
- Tempo de permanência na auditoria interna;
- Perfis dos auditores internos;
- Se o emprego em auditoria interna continua a ser pró ou contra-cíclico.

Os dados existentes na Rede Global de Informação de Auditoria (GAIN) do The IIA seriam um bom ponto de partida para uma série de estudos longitudinais.

REFERÊNCIAS

As fontes listadas nesta secção de REFERÊNCIAS foram referidas entre parênteses no texto desta tese. Esta lista, ordenada alfabeticamente pelo nome do autor, inclui os trabalhos do autor desta tese, bem como os referidos no texto por outros autores.

Uma lista mais completa das fontes de autoria pessoal é apresentada na secção BIBLIOGRAFIA DOS AUTORES.

*** - As publicações de Chambers, revistas por pares, que foram citadas no texto desta tese estão aqui sublinhadas**

American Institute of Certified Public Accountants (AICPA) (1948) *Internal Control - Elements of as Coordinated System and its Importance to Management and the Independent Public Accountant.*

APB (Conselho de Práticas de Auditoria do Comité Consultivo dos Organismos de Contabilidade) (1994): *The Audit Agenda.*

Barrett, M.J., Baker, D.W. e Weiss, D.D. (1974) Auditing in the accounting curriculum, *The Internal Auditor*, julho/agosto.

Berkshire, County Treasurer's Staff Royal County of (1973) Audit risk index for audit areas comprising liquid assets reproduced and critiqued: The audit risk index, *Local Government Finance* (fevereiro).

Bickelhaupt, D.L. (1971) The role of the internal auditor in risk management, *The Internal Auditor,* 28(6), The Institute of Internal Auditors Inc., pp.32-39, novembro.

Bigg, W.W. e Davies, J.O. (1953) *Internal Auditing,* 1st ed. Londres, HFL (Publishers) Ltd, HB, 175 pps.

Brink, V.Z. (1941) *Internal Auditing*, Nova Iorque, The Ronald Press, HB, 549 pps.

Brink, V.Z. e Cadmus, B. (1950) *Internal Auditing in Industry,* Nova Iorque, The Institute of Internal Auditors, HB, 404 pps.

Burns, T. e Stalker, G.M. (1961) *The Management of Innovation,* Londres, Tavistock Institute.

Cavers, D.F. (1953) The economic consequences of atomic attack *The Annals of the American Academy of Political and Social Science,* 290(1), November, pp.27-34.

Chambers, A.D. (1973) Education and training for internal audit, *The Accountant,* 168(1539), Londres, Gee & Co., 14 de junho.

Chambers, A.D. (1974a) The structure of internal auditing, *Accountancy,* pp.40-42, outubro.

*** Chambers, A,D. (1974b) Investment criteria for EDP systems, *Accounting and Business Research,* Winter, 4(4), pp.18-24. [ICAEW, Routledge a partir de 2011, ISSN: 0001-4788].**

*** Chambers, A.D. (1975a) Audit test packs and computer audit programs, *The Computer Journal,* 18(2), pp.98-101. [Oxford University Press, impressão ISSN 00104620, online ISSN 1460-2067].**

Chambers, A.D. (1975b) in Chambers, A.D. and Hanson, O. (eds.) (1975) *Keeping Computers Under Control,* London: Gee & Co Publishers, SBN 85258 150 5, PB, 202 pps.

Chambers, A.D. (1976a) A look at risk management through the eyes of the internal auditor, *Foresight - The Journal of Risk Management,* 1(7), publ: Keith Shipton Developments, janeiro de 1976 [na Biblioteca do Chartered Insurance Institute, Londres: CID 377475].

Chambers, A.D. (1976b) Internal auditing as a university pursuit, in: *Proceedings of the 1st Conference on Recent Developments in Internal Auditing,* Londres, The Graduate Business Centre of City University, fevereiro, pp.93-128.

Chambers, A.D. (1977a) *Graduate Job Fulfilment in Internal Auditing,* [publicação ocasional da City University, Londres, 1977 e The UK Chapter of Internal Auditors (Research Report No. 4)]. Vencedor do prémio "Melhor projeto de investigação de 1977-78" do Institute of Internal Auditors Inc. (com *"Employment in Internal Auditing - With Special Reference to the Graduate").* HB & SB [HB na biblioteca do ICAEW: marca de chamada: 657.6.081:658:314.7 C44].

Chambers, A.D. (1977b) *Employment in Internal Auditing - With Special Reference to the Graduate,* [publicação ocasional da City University, Londres, 1977 e do Capítulo do Reino Unido do Instituto de Auditores Internos (Relatório de Investigação nº 3)]. Vencedor do prémio "Best Research project of 1977-78" do The Institute of Internal Auditors Inc. (com *"Graduate Job Fulfillment in Internal Auditing").* HB & SB. [HB na biblioteca do ICAEW: marca de registo: 657.6.081:658:314.7 C44E].

Chambers, A.D. (1977c) The staffing profile of internal auditing and the role of the graduate, in:

Proceedings of the 2nd Conference on Recent Developments in Internal Auditing, Londres, The City University Business School. maio, pp.59-85 [esta foi uma análise mais aprofundada dos dados disponíveis em Chambers, A.D. (1977a)].

*** Chambers, A.D. (1978a) Teaching internal auditing at a university - an example in context, *The Accounting Review,* janeiro, 53(1), pp.143-147. [American Accounting Association, impressão ISSN 0001-4826, online ISSN 1558-7967].**

*** Chambers, A.D. (1978b) The internal audit of research and development, *R&D Management,* fevereiro, 8(2), pp.95-99. [Wiley-Blackwell, ISSN 1467 9310].**

*** Chambers, A.D. (1978c) Computer fraud and abuse', *The Computer Journal,* 21(3), pp.194-198 [Oxford University Press, print ISSN 0010-4620, online ISSN 1460-2067].**

Chambers, A.D. (1978d) Risk management and the internal auditor', *Risk Management,* May, 25(5), pp.34-42 [revista da US Risk and Insurance Management Society, Inc. (RIMS)].

*** Chambers, A.D. (1978e) Perceptions of internal audit, *Personnel Review,* outono, 7(4), Emerald, ISSN 0048-3486, pp.41-51.**

Chambers, A.D. and Snook, A.J. (1978f) *1978 Survey of Audit Committees in the United Kingdom: a Summary of Findings,* ISSN 0140-1041[in Cass Library loan collection, Print Book].

*** Chambers, A.D. (1979a) The future of internal auditing, *Accountancy en Bedrijfskunde* (Revista editada pelo Prof. R. Paeleliere e pelo conselho académico, 4(2), pp.5-32. [c/o CED-SAMSON, Philippe de Champagnestraat 7, 1000 Brussel].**

Chambers, A.D. e Snook, A.J. (1979b) 1978 survey of audit committees in the United Kingdom, in: *Proceedings of the 4th Conference on Recent Developments in Internal Auditing,* Londres, The City University Business School. maio, pp. 77-90 e pp.111-260.

Chambers, A.D. (1981a, reimpresso em 1984) *Internal Auditing,* 1st ed., Londres. Londres: Pitman Publishing, HB, ISBN 0-273-01632-6, 368 pps.

*** Chambers, A.D. (1981b) Current strategies for computer auditing within an organization, *The Computer Journal*, 24(4), Oxford University Press, print ISSN 0010-4620, online ISSN 1460-2067, pp.290-294.**

Chambers, A.D. (1981c) *Computer Auditing,* 1st ed., Londres. London: Pitman Publishing, ISBN 0 273 01633 4, 237 pps. [Também Austrália: CCH e Nova Zelândia: CCH (Cartão de Catálogo da Biblioteca do Congresso Número 81-65899). Tradução japonesa (1986), Japão: Doyukan, ISBN 4-496-01300-2].

***Chambers, A.D. (1981d) The state of the art of computer auditing within organizations, *Tijdschrift Voor Economie en Management*, Autumn, No. 3 [Journal of the Faculteit de Economische en Toesepaste Economische Wetenschappen, Katholieke Universiteit, Leuven, Belgium].**

***Chambers, A.D. (1982) Research in internal auditing: issues and possibilities, in Bromwich, M., Hopwood, A.G. and Shaw, J. (eds.) *Auditing Research: Issues and Opportunities*, London: Pitman, ISBN 0 273 01852 3, pp.99-128.**

*** Chambers, A.D. (1986) The psychology of internal audit, *Managerial Auditing Journal,* 1(1), [Emerald, ISSN: 0268-6902], pp.21-27.**

Chambers, A.D. e Court, J. (1991) *Computer Auditing,* 3rd ed, London: Pitman Publishing, ISBN 0 273 03241 0, 278 pps. [Tradução sueca (1992) como *Dator Revision,* Lund: Studentlitteratur, ISBN 91-44-45741-3].

Chambers, A.D. (1992, reimpresso em 1993 (duas vezes) e 1994) *Effective Internal Audits.* Londres, Pitman, ISBN 0 273 03768 4; depois (1997) Spilsby: Management Audit Limited, ISBN 0 9531136 0 4, 210 pps.

[Tradução espanhola (1994) como *Auditoria Interna Eficaz,* Barcelona: Ediciones Folio, S.A., ISBN 84-7583-657-7 e 84-7583622-4, 234 pps.]

Chambers, A.D. e Rand, G. (1994a) *Auditing the IT Environment,* London: Pitman Publishing, ISBN 0 273 03769 2; depois (1997) Spilsby: Management Audit Limited ISBN 0 9531136 1 2, 324 pps. [Tradução italiana (1995) como *La tecnologia delle informatzioni*, Milano: Jackson Libri].

Chambers, A.D. e Rand, G. (1994b) *Auditing Contracts,* London: Pitman Publishing; depois (1997) Spilsby: Management Audit Limited, ISBN 0 9531136 2 0] 352 pps.

*** Chambers, A.D. (1995) Whistleblowing and the internal auditor, *Business Ethics -A European Review,* outubro, 4(4), Blackwell, ISSN 1467-8608, pp.192-198.**
[Reimpresso em Chambers, A.D. (ed.) *Internal Auditing,* Dartmouth, ISBN 1 85355 656 7].

Chambers, A.D. (1997 - 2004) *International Journal of Auditing,* Editor Geral, Wiley, depois Management Audit, depois Blackwell, agora Blackwell/Wiley, ISSN 10906738.

Chambers, A.D. e Rand, G. (1997a) *The Operational Auditing Handbook -Auditing Business Processes.* Chichester, Wiley, ISBN 0-471-97060-3, 533 pps. + disquete.

Chambers, A.D. (1997b) Auditing the Board, in Chambers, A.D. (ed) *Internal Control,* 1 (7), Londres, Institute of Chartered Accountants in England & Wales, ISSN 13672517, número 7, dezembro, pp.4-10.

Chambers, A.D. (1998) Published reports on internal control by internal audit, in Chambers, A.D. (ed) *Internal Control,* London, Institute of Chartered Accountants in England & Wales, ISSN 1367-2517, número 17, dezembro, pp.4-12.

Chambers, A.D. (2000) Auditing your reputation, suplemento do *Financial Times*, 9th março, 2000. Republicado pela Gee Publishing para o British Safety Council (2000) em *What Price Your Corporate Reputation?,* pp.11-12.

Chambers, A.D. (2003) The concept of a control system, in Chambers, A.D. (ed) *Internal Control,* London, Institute of Chartered Accountants in England & Wales, ISSN 1367-2517, issue 60, April, pp.3-6.

Chambers, A.D. (2005a) *Tolley's Internal Auditing Handbook.* 1st ed. Londres: LexisNexis Butterworths Tolley, ISBN 0 406 95209 4, 746 pps.

Chambers, A.D. (2005b) Past times - internal auditing texts, in Chambers, A.D. (ed) *Internal Control,* issue 84, London, Institute of Chartered Accountants in England & Wales, ISSN 1367-2517, September, pp.4-8.

Chambers, A.D. (2005c) Business cycles and internal control, em Chambers, A.D. (ed) *Internal Control,* Londres, Institute of Chartered Accountants in England & Wales, ISSN 1367-2517, edição 87, dezembro, pp.6-7.

*** Chambers, A.D. (2005d) A teddy bear's picnic or the lion's ring? Do nonexecutive diretors add value?", *Measuring Business Excellence - The Journal of Business Performance Management,* 9(1), pp.23-34. Emerald, ISSN 1368-3047, [Emerald LiteratiNetwork Outstanding Paper Award 2006].**

*** Chambers, A.D. (2006) Assurance of performance, *Measuring Business Excellence - The Journal of Business Performance Management,* 10(3), pp.41-55. [Emerald, ISSN 1368-3047].**

*** Chambers, A.D. (2008a) The board's black hole - filling their assurance vacuum: can internal audit rise to the challenge?", *Measuring Business Excellence - The Journal of Business Performance Management,* 12(1), Emerald, ISSN 1368-3047, pp.47-63.**

Chambers, A.D. (2008b) The board's black hole: filling their assurance vacuum - can internal audit rise to the challenge? *Internal Audit e-Bulletin,* ACCA UK, dezembro, número 5. [Em linha]. Disponível em: http://newsweaver.co.uk/accaiabulletin/e article001278734.cfm?x=b11,0,w. [Acedido em 4 de setembro de 2011].

Chambers, A.D. (2008c) Bring on the super auditors, *Internal Auditing,* The Institute of Internal Auditors-UK, ISSN 1757-0999, 32(12), dezembro, pp.18-21.

Chambers, A.D. (2009a) The black hole of assurance, *The Internal Auditor,* The Institute of Internal Auditors Inc., ISSN0020-5745, abril, 66(2), pp.28-29.

Chambers, A.D. (2009b) *Tolley's Internal Auditing Handbook.* 2nd ed. Londres: LexisNexis Butterworths Tolley, ISBN 978140573674, 724 pps.

Chambers, A.D. e Rand, G. (2010) *The Operational Auditing Handbook -Auditing Business Processes,* 2nd ed., Chichester, Wiley, ISBN 978-0-470-74476-5, 884 pps. [+ recurso extensivo em linha de material suplementar em www.wiley. com/go/ chambers password: 'compliance'].

Chambers, A.D. (2011a) *Audit Market Concentration: Implications and Solutions - a Personal Perspective* (on the House of Lords' Inquiry Report on Audit Market Concentration), Online for BAFA Auditing SiG On-line Newsletter; colocado pelo SiG no seu sítio Web em http://static.aston.ac.uk/asig/House%20of%20Lords%20Inquiry Binder.pdf, acedido em 6 de maio de 2012].

*** Chambers, A.D. (2011b) Audit Market Concentration: Implications and Solutions - A Personal Perspective, *International Journal of Governance*, ISSN 2224-5359, 1(3), 12 de maio [www.ijgmagzine.com, disponível em http://www.ijgmagzine.com/index.php/ijg/issue/view/5/showToc: acedido em 8 de dezembro de 2011].**

Chambers, A.D. (2012a) *Chambers Corporate Governance Handbook,* 5th ed. Bloomsbury, ISBN 978 1 84766 878 3, abril, 912 pps.

*** Chambers, A.D. (2012b) The global financial crisis: a failure of corporate governance?, em Aras, G. e Crowther, D. (eds) *Business Strategy and***

***Sustainability, Developments in Corporate Governance and Responsibility,* Vol. 3, Social Responsibility Research Network (SSRNet, www.socialresponsibility.biz, Bingley UK: Emerald. ISBN 978-1-78052-736-9 (impresso), 978-1-78052-737-6 (eletrónico), cap. 2, pps 23-44 [em linha em: http://www.emeraldinsight.com/books.htm?issn=2043-0523&volume=3]**

*** Chambers, A.D. (2012c) Is Audit Failing the Global Capital Markets?, *International Journal of Disclosure and Governance*, Palgrave, Macmillan Publishers Ltd, ISSN: 1741-3591, EISSN: 1746-6539. [Publicação antecipada em linha, 11 de outubro de 2012; doi:10.1057/jdg.2012.18; www.palgrave-journals.com/jdg/. A ser publicado na versão impressa do JDG em 2013. Artigo apresentado pela primeira vez na 10th Conferência Internacional sobre *"Corporate Governance": "Corporate Governance and Universal Acceptance: Taking Stock of Progress and Indicators of Future Trends",* Centre for Corporate Governance Research, Universidade de Birmingham, presidida por Sir Adrian Cadbury, 25th junho].**

Collins, A. (1904) *A Municipal Internal Audit,* London, Gee & Co., HB, 142 pps. [edições revistas posteriormente em 1913, 1922, 1931 e 1934].

Collins, A. (1908) *The Organization and Audit of Local Authorities,* Londres, Gee & Co.

Corfield, K.G. (1973) Internal audit - a service to management, *The Accountant,* 168(1526), Londres, Gee & Co., 15 de março, pp.347-8.

COSO, (1992) *Controlo Interno - Quadro Integrado.*

COSO, (2004) *Enterprise Risk Management - Integrated Framework.*

COSO, (2011) *Internal Control - Integrated Framework - Draft for Public Exposure* (dezembro).

Cowton, C.J. (2008) Governing the corporate citizen: reflections on the role of professionals, em Conill, J., Luetge, C. e Schonwalder-Kuntze, T. (eds), *Corporate Citizenship, Contractarianism and Ethical Theory:*

On Philosophical Foundations of Business Ethics, Aldershot: Ashgate), pp. 29-47.

Cowton, C.J. (2009) Accounting and the ethics challenge: re-membering the professional body, *Accounting and Business Research,* 39 (3), International Accounting Policy Forum, pp. 177-189 [documento baseado na P.D. Leake Lecture 2007].

Dalton, G.W. e Thompson, P.H. (1971) Accelerating obsolescence of older engineers, *Harvard Business Review,* 49(5).

Edsberg, J. (1994) The European Community's budget: budget discipline and budget accounting, *Financial Accountability and Management in Governments, Public Services and Charities,* Blackwell, ISSN 0267-4424, 10(1), fevereiro.

Fayol, Henri (1916) (em francês), *Administration Industrielle et Generale; Prevoyance, Organization, Commandement, Coordination, Controle*, Paris, H. Dunod et E. Pinat.

Fitzgerald, J. (1978) Developing and ranking threat scenarios, *EDPACS,* agosto.

Gleim, I. (2001) *Management Control and Information Technology: Revisão da CIA: Parte III,* Florida, Gleim Publications Inc., ISSN 1099 8837.

Gobeil, R.E. (1972) The common body of knowledge for internal auditors, *The Internal Auditor,* 29(6), Nov/Dez, pp.20-29.

Greenwood, E. (1966) The elements of professionalization, em Vollmer, H. e Mills,
D. (eds) *Professionalization,* New Jersey, Prentice-Hall. [publicado pela primeira vez em Greenwood,
E. (1957) Attributes of a profession, *Social Work,* 2, julho, pp.45-55].

Harvard Law Review (1960) 74 202. [Esta afirmação foi feita numa recensão do livro de Eells, R. (1960) *The Meaning of Modern Business],*

Herzberg, F. (1959) *The Motivation to Work,* Nova Iorque, John Wiley & Sons.

IAASB (The International Auditing and Assurance Standards Board) (2005) *International Framework for Assurance Engagements.*

Jerome, W.T. (1955) The place of internal auditing in college curriculums, *The Internal Auditor,* 12(2), junho, pp.23-29.

Lenz, R. e Sarens, G. (2012) Reflections on the internal auditing profession: what might have gone wrong? *Revista de Auditoria Gerencial,* 27(6).

Liggio, C.D. (1974) The expectation gap: the accountant's legal waterloo, *Journal of Contemporary Business,* 3(3), pp.27 -44.

Marks, N. (2010) Filling the void, *The Internal Auditor,* dezembro, Florida, The Institute of Internal Auditors Inc., ISSN 0020-5745, 67(6), p.29-30.

Marks, N. (2011) Continuous auditing: putting theory into practice, *Best-Practice Approaches to Internal Auditing,* Bloomsbury, ISBN-10: 1-84930-023-0, pp.15-22.
[ver também (todos acedidos em 07May12):
http://normanmarks.wordpress.com/2011/11/18/continuous-auditing-that-should- not-be-performed-by-internal-audit/;
http://www.theiia.org/blogs/marks/index.cfm/post/Reflections%20on%20Continuou s%20Auditing;
http://www.scribd.com/doc/86892335/Continuous-Auditing- Putting-Theory-Into-Practice;
http://www.bloomsburyprofessional.com/1399/Bloomsbury-Professional-Best-Práticas-Aproximações à Auditoria Interna-.html)
Marks, N. e Taylor, J.R. (2009) The current state of internal auditing: a personal perspective and

assessment, *EDPACS*, (39)4, abril.
Marks, N. (2009) *A Look Into the Future: the Next Evolution of Internal Audit - Continuous Risk and Control Assurance*, SAP.
Marks, N. (2010) Continuous auditing reexamined, *ISACA Journal,* Vol. 1].

Maslow, A.H. (1943) A theory of human motivation, *Psychological Review,* 50(4), pp.370-96.

McNamee, D. e Selim, G. (1998*) Risk Management: Changing the Internal Auditor's Paradigm,* Florida, The Institute of Internal Auditors Research Foundation, ISBN 0-89413-421-3, p.xiii.

Melville, R. (2002) Re-engineering Internal Audit: Strategy and Control, Control Models and Control Self Assessment, tese de doutoramento, City University Business School.

Miguel, J.G., Shank, J.S. e Govindarajan, V. (1976) Extending the audit function, *HBS,* 76-39, Graduate School of Business Administration, Harvard University, (novembro).

Morgan, G. e Pattinson, B. (1975) *The Role and Objectives of an Internal Audit - a Behavioural Approach,* The Chartered Institute of Finance and Accountancy.

Morgan, G. (1976) *The Paradoxical Nature of Internal Auditing,* Departamento de Comportamento nas Organizações, Universidade de Lancaster, maio (não publicado)

Mumford, E. e Ward, T.B. (1968) *Computers: Planning for People,* Batsford.

Normanton, E.L. (1966) *The Accountability and Audit of Governments*, Manchester University Press e Frederick A. Prager, Nova Iorque. [citação do prefácio do Professor W.J.M. Mackenzie, p.vii.]

Nye, J. (2004) *Soft Power: The Means to Success in World Politics,* Nova Iorque: Public Affairs.

Perrin, J.R. (1972), na Conferência Regional da Europa Ocidental de 1972 do Instituto de Auditores Internos.

Porter, Brenda A (1990) "*The Audit Expectation-Performance Gap and the Role of External Auditors in Society",* Tese de Doutoramento, Universidade de Massey, Nova Zelândia, p.13.

Ridley, J. e Chambers, A. D. (1998) *Leading Edge Internal Auditing.* Prentice Hall, ISBN 1-860720 3 58, HB; depois (2007) Londres, ICSA Publishing Limited, SB, ISBN 9781860-723698, 398 pps.

Taylor, F. (1911) *Principles of Scientific Management,* Nova Iorque e Londres, Harper & Brothers.

The Institute of Internal Auditors (1947, 1957, 1971) *Statement of Responsibilities of the Internal Auditor* (*Declaração de Responsabilidades do Auditor Interno*).

The Institute of Internal Auditors (1971) Statement of Responsibilities of the Internal Auditor, *The Internal Auditor,* 28(5), pp.12-13.

The IIA (Institute of Internal Auditors Inc.) (1976a) *Survey of Internal Auditing,* 1975, Florida, IIA.

The IIA UK (Institute of Internal Auditors - UK (1976b) *A Survey of Internal Auditing in the UK*, Londres, IIA.

Código de Ética do Instituto de Auditores Internos (2000) [A definição de auditoria interna encontra-se no preâmbulo do *Código*].

Sarens, G. (2011) *Internal Auditing: Challenges For Future Research,* Documento de Trabalho, Escola Superior de Gestão de Lovaina, Universidade Católica de Lovaina, Place des Doyens

1, 1348 Louvain-la-Neuve, Bélgica, Telefone : +32 10 47 84 41, e-mail : gerrit.sarens@uclouvain.be

Sawyer, L.B. (1975) Modern internal auditing - the new profession', *The Accounting Review,* American

Accounting Association, print ISSN 0001-4826, online ISSN 15587967, 50(1), janeiro, pp.176-178,

Smith, A.C. (1953) *Internal Auditing: An Introduction to the Audit of Industrial Management Accounts,* London, Pitman, HB, 240 pps.

Smith, Clark (1963) *The Case of Torches.* Harmondsworth, Penguin Books Ltd. [primeira publicação em 1957, Hammond, Hammond].

Thurston, J.B. (1941) *Modern internal auditing has just been born,* [discurso inaugural do primeiro presidente do The Institute of Internal Auditors, reimpresso em 1966 *The Internal Auditor,* 23(2), verão, pp.57-60 [citado em Chambers, A.D. (1979)].

Tricker, R.I. (1976) *The Independent Diretor - A Study of the Non-executive Diretor and the Audit Committee*, Tolley Publishing.

Tricker, R.I. (1984) *Corporate Governance - Practices, Procedures and Powers in British Companies and Their Boards of Diretors,* Gower.

Van Voorhis, R.H. (1952) Internal auditing courses in American colleges, *The Accounting Review,* outubro.

Waldron, R.S. (1980) *Biggs and Davies' Internal Auditing,* 5th ed., Londres, HFL (Publishers) Ltd., ISBN 0 372 30042 1.

Woodward, J. (1965) *Industrial Organization: Theory and Practice,* Oxford University Press.

Wilensky, H. (1966) The professionalization of everyone, *American Journal of Sociology,* 7(2), setembro, pp.137-158.

BIBLIOGRAFIA DE AUTOR

Esta BIBLIOGRAFIA DO AUTOR fornece uma lista mais abrangente de itens da autoria ou ocasionalmente (quando indicado) editados por A.D. Chambers e inclui os listados na secção de REFERÊNCIAS. A secção de Referências restringe-se às referências feitas no texto desta tese.

Embora a data de uma publicação na secção Referências corresponda à data indicada nesta secção Bibliografia, os sufixos alfabéticos das datas podem não ser os mesmos, uma vez que cada lista é coerente entre si.

*** - artigo revisto por pares**

1. Chambers, A.D. (1973) Users can cut costs by computing for managerial tasks, *Computer Weekly,* April 12, p.6 [arquivado no National Museum of Computing, Bletchley Park].

2. Chambers, A.D. (1973) When a modelling package can mean a good deal ..., *Computer Weekly,* April 26, pp.6-7 [arquivado no National Museum of Computing, Bletchley Park].

3. Chambers, A.D. (1973) Bottom-up models in budgetary control, *Computer Weekly,* May 3, p.6 [arquivado no National Museum of Computing, Bletchley Park].

4. Chambers, A.D. (1973) Education and training for internal audit, *The Accountant.* 14 de junho. [Localizado na Biblioteca do ICAEW, acedido em 11 de maio de 2012; baseado num documento apresentado ao capítulo de Londres do Instituto de Auditores Internos na sede da BP em abril de 1973, por Andrew Chambers a convite de Wilf Schwarz, que era presidente do Comité de Educação do Capítulo e também chefe do departamento de auditoria interna da Unilever no Reino Unido].

5. Chambers, A.D. (1974): "The structure of internal auditing", *Accountancy,* pp. 40-42. [jornal do The Institute of Chartered Accountants in England & Wales], outubro.

6. * Chambers, A,D. (1974) Investment criteria for EDP systems, *Investigação em Contabilidade e Negócios,* inverno, 4 (4), pp. 18-24. [ICAEW, Routledge a partir de 2011, ISSN: 0001-4788].

7. * Chambers, A.D. (1975a) Audit test packs and computer audit programs, *The Computer Journal,* 18 (2), pp. 98-101. [Oxford University Press, ISSN 0010-4620 impresso, ISSN 1460-2067 em linha]. [Semelhante ao cap. 14 em Chambers, 1975b].

8. Chambers, A.D. (1975b) em Chambers, A.D. e Hanson, O. (eds.) (1975) *Keeping Computers Under Control,* Londres: Gee & Co Publishers. [SBN 85258 150 5, PB, 202 pps.]. Chambers, A. D.

contribuíram com estes capítulos:

I. A necessidade de controlos nos sistemas informáticos
9. (com Fitzgerald, A.G. e Wilce, K.) Salvaguardar a instalação do computador
II. Fraude informática e outros abusos
12. (com Maertens, H.G. e Vexter, M.G.) Aspectos da confidencialidade e do direito à privacidade
13. (com Fullerton, J.R., Walsh, J.A. e Wickens, T.S.) Auditoria informática
14. Pacotes de testes de auditoria e programas informáticos de auditoria [Semelhante ao cap. 14 em Chambers, 1975a]
15. Controlo dos custos de investimento informático.

9. Chambers, A.D. (1976) Internal auditing as a university pursuit, in: *Proceedings of the 1st Conference on Recent Developments in Internal Auditing,* Londres, The Graduate Business Centre of City University. fevereiro, pp. 93-128.

10. Chambers, A.D. (1976) A look at risk management through the eyes of the internal auditor, *Foresight - The Journal of Risk Management,* 1 (7), publ: Keith Shipton Developments, [janeiro de 1976] [na Biblioteca do Chartered Insurance Institute, Londres: CID 377475].

11. Chambers, A.D. (1977) Internal auditing in relation to financial control, em Dickinson, G. e Lewis, J. (eds) *Handbook of Financial Management,* Londres, Kluwer

12. Chambers, A.D. (1977) *Employment in Internal Auditing - With Special Reference to the Graduate,* [publicação ocasional, publicada pela City University, Londres, 1977 e The UK Chapter of The Institute of Internal Auditors (Research Report No. 3). Vencedor do prémio "Best Research project of 1977-78" do The Institute of Internal Auditors Inc. (com *"Graduate Job Fulfillment in Internal Auditing").* HB & SB; HB na biblioteca do ICAEW: marca de chamada: 657.6.081:658:314.7 C44E].

13. Chambers, A.D. (1977), *Graduate Job Fulfilment in Internal Auditing,* [publicação ocasional, publicada pela City University, Londres, 1977 e The UK Chapter of Internal Auditors (Research Report No. 4). Vencedor do prémio "Best Research project of 1977-78" do The Institute of Internal Auditors Inc. (com *"Employment in Internal Auditing - With Special Reference to the Graduate")* HB & SB; HB na biblioteca do ICAEW: marca de chamada: 657.6.081:658:314.7 C44].

14. Chambers, A.D. (1977) The staffing profile of internal auditing and the role of the graduate, in: *Proceedings of the 2nd Conference on Recent Developments in Internal Auditing*, Londres, The City University Business School. maio, pp. 59-85 [esta foi uma análise mais aprofundada dos dados disponíveis em Chambers, A.D. (1977), *Graduate Job Fulfillment*

in Internal Auditing.

15. Chambers, A.D. (1977) Internal audit staffing in the United Kingdom, *The Internal Auditor,* 34 (5), pp. 78-80.

16. * Chambers, A.D. (1978): O ensino da auditoria interna numa universidade - uma example in context, *The Accounting Review,* janeiro, 53 (1), pp. 143147. [American Accounting Association, ISSN 0001-4826 impresso, ISSN 1558-7967 em linha].

17. * Chambers, A.D. (1978) The internal audit of research and development, *Gestão da I&D*, fevereiro, 8 (2), pp. 95-99. [Wiley-Blackwell, ISSN 1467 9310].

18. Chambers, A.D. (1978) Risk management and the internal auditor", *Risk Management,* May, 25 (5), pp. 34-42 [revista da US Risk and Insurance Management Society, Inc. (RIMS)].

19. * Chambers, A.D. (1978) Computer fraud and abuse", *The Computer Journal,* 21 (3), pp. 194-198. [Oxford University Press, impressão ISSN 0010-4620, online ISSN 1460-2067].

20. * Chambers, A.D. (1978) Perceptions of internal audit, *Personnel Review,* outono, 7 (4), pp. 41-51. [Emerald, *ISSN 0048-3486].*

21. Chambers, A.D. and Snook, A.J. (1978) *1978 Survey of Audit Committees in the United Kingdom: a Summary of Findings,* ISSN 0140-1041 [in: Cass Library loan collection, Print Book].

22. Chambers, A.D. e Snook, A.J. (1979) 1978 survey of audit committees in the United Kingdom, in: *Proceedings of the 4th Conference on Recent Developments in Internal Auditing*, Londres, The City University Business School. maio, pp. 77-90 e p111-260.

23. Chambers, A.D. (1979) Current trends in internal auditing, in: *Proceedings of the 4th Conference on Recent Developments in Internal Auditing,* Londres, The City University Business School. maio, pp. 167210.

24. * Chambers, A.D. (1979) The future of internal auditing, *Accountancy en Bedrijfskunde* (Revista editada pelo Prof. R. Paeleliere e pelo conselho académico, 4 (2), pp.5-32. [c/o CED-SAMSON, Philippe de Champagnestraat 7, 1000 Brussel].

25. * Chambers, A.D. (1981) The state of the art of computer auditing within organizações, *Tijdschrift Voor Economie en Management,* outono, n.º 3 [Jornal da Faculteit de Economische en Toesepaste Economische Wetenschappen, Katholieke Universiteit, Leuven, Bélgica].

26. Chambers, A.D.(1981) Current strategies for computer auditing within organizations, in: *Actas da 6ª Conferência^th sobre Desenvolvimentos Recentes em Auditoria Interna*, Londres, The City University

Business School. março, pp. 71-87.

27. * Chambers, A.D. (1981) Current strategies for computer auditing within uma organização, *The Computer Journal,* 24 (4), pp. 290-294. [Oxford University Press, impressão ISSN 0010-4620, online ISSN 1460-2067].

28. Chambers, A.D. *Internal Auditing* (1981, reimpresso em 1984), 1st ed. Londres: Pitman Publishing. [ISBN 0-273-01632-6, 368 pps, HB].

29. Chambers, A.D. (1981) *Computer Auditing,* 1st ed., Londres. London: Pitman Publishing

[ISBN 0 273 01633 4, 237 pps]. Também Austrália: CCH e Nova Zelândia: CCH (1981, Cartão de Catálogo da Biblioteca do Congresso Número 81-65899). Tradução
38. japonesa (1986), Japão: Doyukan, ISBN 4-49601300-2.

30. * Chambers, A.D. (1982) Research in internal auditing: issues and possibilidades, em Bromwich, M., Hopwood, A.G. e Shaw, J. (eds.) *Auditing Research: Issues and Opportunities,* London: Pitman, pp.99128. [ISBN 0 273 01852
39. 3].

31. Chambers, A.D. and Selim, G.M. (1983) *The ideal management information system (MIS) operational audit: internal auditors', line managers' and MIS managers' perceptions compared.* in: Cass Library loan collection, Print Book, ISSN 0140-1041.

32. Chambers, A.D. e Selim, G.M. (1983) *The audit of management information systems: the state of the art.* in: Coleção de empréstimo da Biblioteca Cass, Livro
40. impresso, ISSN 0140-1041.

33. Chambers, A.D. (1985) Integrity, security and privacy of microcomputers, em: Jones, P.L. (ed.) *Microcomputing - State of the Art Report,* Maidenhead, Pergamon Infotech Limited, pp. 14-26, ISBN 0 08 028 5988.

41. 34. * Chambers, A.D. (1986) The psychology of internal audit, *Managerial Auditing Journal,* 1 (1), pp. 21-27. [Emerald, ISSN: 0268-6902].

35. Chambers, A.D. e Court, J. (1986) (reimpresso em 1987, 1989, 1990) 2nd ed.
42. *Computer Auditing,* London: Pitman Publishing [ISBN 0 273 02418 3 HB e 0 273 03500 2 PB, 267 pps.]. Também Austrália; CCH (1986, ISBN 0 86903 992 X) e Nova Zelândia (1986, ISBN 0 86475 091 9).

36. Chambers, A.D., Selim, G.M. e Vinten, G. (1987) (reimpresso em 1988, 1990) *Internal Auditing,* 2nd ed, [ISBN 0-273-02737-9, 439 pps., HB]. Também Austrália; CCH (1987, ISBN 0 86903 918 0) e Nova Zelândia (1987, ISBN 0 86475
43. 099 4). Tradução para mandarim (1996), Beijing: China Finance and Economy Publishing House [ISBN 7-5005-2929-5].

37. * Chambers, A.D. (1989) Information management -the key to corporate
44. sucesso, *Managerial Auditing Journal,* 4 (2), pp. 17-23. [Emerald, ISSN: 0268-6902] [reimpresso em: *Information Management Gives an*

Enterprise a Competitive Edge, Honeywell Bull Limited, Brentford].

Chambers, A.D. e Court, J. (1991) *Computer Auditing,* 3rd ed, London: Pitman
45. Publishing. [ISBN 0 273 03241 0, 278 pps.] Tradução sueca (1992) como *Dator Revision,* Lund: Studentlitteratur. [ISBN 9144-45741-3].

Chambers, A.D. (1992) (reimpresso em 1993 (duas vezes) e 1994) *Effective Internal*
46. *Audits.* Londres, Pitman. [ISBN 0 273 03768 4] Depois (1997) Spilsby: Management Audit Limited. [ISBN 0 9531136 0 4, 210 pps.].
Tradução espanhola (1994) como *Auditoria Interna Eficaz*, Barcelona: Ediciones Folio, S.A. [ISBN 84-7583-657-7 e 84-7583-622-4, 234 págs.]

47. Chambers, A.D., Rand, G.V. and Badley, J. (1994) Benchmark Survey of Internal Auditing Practice - Report of 41 Companies, UK: Management Audit Ltd, June [referenciado na pxxiii de Chambers, A.D. (1994) Internal Auditing, Dartmouth. Arquivado em Management Audit LLP].

Chambers, A.D. e Rand, G. (1994) *Auditing Contracts*, Londres: Pitman Publishing. Depois (1997) Spilsby: Management Audit Limited [ISBN 0 9531136 2 0, 352 pps.].

Chambers, A.D. e Rand, G. (1994) *Auditing the IT Environment,* London: Pitman Publishing, [ISBN 0 273 03769 2]. Depois (1997) Spilsby: Management Audit Limited [ISBN 0 9531136 1 2, 324 pps.]. Tradução italiana (1995) como *La tecnologia delle informatzioni,* Milano: Jackson Libri.

Chambers, A.D., Rand, G.V. e Badley, J. (1995) Benchmark Survey of Internal Auditing Practice within Health Care Companies, Reino Unido: Management Audit Ltd, junho. [arquivado em Management Audit LLP].

Chambers, A.D. e McRae, T.W. (1995) *Relatório à Comissão Europeia sobre os procedimentos de auditoria adoptados pelo Tribunal de Contas para chegar a uma "declaração de fiabilidade" sobre a fiabilidade das receitas e dos pagamentos efectuados pela Comissão num determinado ano.* Auditoria de gestão. setembro. [restrito].

Chambers, A.D. (1995) The souring of Cadbury, *Accountancy Age,* 3 de agosto, pp.14-15.

Chambers, A.D. (1995) Whistleblowing and the internal auditor, *Business Ethics - A European Review,* outubro, 4 (4), pp.192-198. [Blackwell, ISSN 1467-8608]. Reimpresso em Chambers, A.D. *(ed.) Internal Auditing,* Dartmouth [ISBN 1 85355 656 7].

Chambers A.D. e Needham, F. (1995) *Risk and Control Matrices for Banking, User Guide* volume (304 pps) e *Matrices* volume with supporting Lotus-based software, Management Audit Ltd. [Extractos publicados na revista *Internal Control* (2000), ABG Professional Information/ICAEW, Edição 33, julho; Edição 36, novembro. Em 2012, Francis Needham tinha cópias em papel do *Guia do Utilizador* e das *Matrizes* em francis.needham@virgin.net].

48. Chambers, A.D. (1996) Diretors' reports on internal financial control, in: Skerratt, L.C.L. e Tonkin, D.L. (eds.) *Financial Reporting 199596 - A Survey of UK Reporting Practice,* Central Milton Keynes: Accountancy Books, pp. 105-129. [ISBN 1 85355 656 7].

49. Chambers, A.D. (1996) Introduction and chapter 45, in: Chambers, A.D. (ed.) *Internal Auditing,* Aldershot and Vermont, Dartmouth Publishing, pp. xv - xxiii. [ISBN1 85521 547 0, 666pps.].

50. Chambers, A.D. e McRae, T.W. (1996) *Report on the Sampling Plans which are Proposed to be Introducted by Department DGXX- Controle Financier - of the European Commission to Audit the Legality and Regularity of the Files Submitted for Inspection to Them.* Auditoria de Gestão. janeiro. [restrito].

51. Chambers, A.D. e McRae, T.W. (1996) *Report to the European Commission on the Approach of the Court of Auditors in Arriving Attingting At Their "Statement of Assurance" on the Reliability of the Income and Payments of the Commission in 1995, With Reference Also to 1994",* Management Audit. dezembro. [restrito].

52. Chambers, A.D. e Rand, G. (1997) *The Operational Auditing Handbook -Auditing Business Processes.* Chichester, Wiley [ISBN 0471-97060-3, 533 p. + disquete].

53. * Chambers, A.D. (1997 - 2004), editoriais como redator geral *International Journal of Auditing,* 1 (1), 2 (3), 3 (3), 5 (2), 6 (1), 7 (1). [Wiley, depois Management Audit, depois Blackwell, atualmente Blackwell/Wiley, ISSN 1090-6738].

54. Chambers, A.D. (1997 - 2006, mensal) ed. e principal colaborador: *Internal Control* journal, Londres: ICAEW e WoltersKluwer/CCH.

55. Chambers, A.D. (1998) *Audit risk analysis packages: MAXPLAN, MIDPLAN & MINPLAN* [software - versão 4 em CD em 1998].

56. Chambers, A. e Ridley, J. (1998) *Leading Edge Internal Auditing.* Prentice Hall, [ISBN 1-860720 3 58, HB]. Depois (2007) Londres, ICSA Publishing Limited, S.B. [ISBN 9-

781860-723698, 398 pps.]

57. Chambers, A.D. (1998) Quis custodiet ..., *Accounting & Business,* ISSN 1460-406X, fevereiro pp.14-15.

58. Chambers, A.D. (1998) Board Osmosis, *Accounting & Business,* ISSN 1460-406X, junho pp.41-43.

59. Chambers, A.D. (1998 - 2004, bimensal) ed. e principal colaborador: *Corporate Governance* journal, Singapura: FTMS. [ISSN 0219 1040]

60. Chambers, A.D. (1999) Quo vadis internal auditing?, *Management Accounting,* 77 (9), CIMA, outubro, ISSN 00251682, pp.32-33.

61. Chambers, A.D. (1999 - 2000, mensal) ed. e principal colaborador: *Fraud* journal, Londres: ICAEW e WoltersKluwer/CCH.

62. Chambers, A.D., (2000) Auditing your reputation, suplemento do *Financial Times*, 9th março, 2000. Republicado pela Gee Publishing para o British Safety Council (2000) em *What Price Your Corporate Reputation?,* pp.11-12.

63. Chambers, A.D. (2001-3) ed. da série de livros de Gestão de Riscos do IIA. Chichester: Wiley. Títulos:

Stephens, J.J. (2001) *Managing Commodity Risk.* [ISBN 0-47186625-3].

Stephens, J.J. (2001) *Managing Currency Risk.* [ISBN 0-471498866].

Stephens, J.J. (2001) *Managing Interest rate Risk.* [ISBN 0-47148549-7].

Rayner, J. (2003) *Managing Reputational Risk.* [ISNB 0-471- 49951-X]

64. Chambers, A.D. (2002), Managing reputational risk, em Rayner, J. (ed.) *Business Risk Management,* Londres, Gee Publishing Ltd., ISBN 1- 86089-853-X

65. Chambers, A.D. (2002) *Tolley's Corporate Governance Handbook.* 1st ed. Londres: LexisNexis Butterworths Tolley. [ISBN 0-754 516261, 890 p.].

66. Chambers, A.D. (2003) *Tolley's Corporate Governance Handbook.* 2nd ed. Londres: LexisNexis Butterworths Tolley. [ISBN 0 7545 2411 6, 1291 pps.]

67. Chambers, A.D. (2003) Audit committee practice: rules and enforcement in UK and China, *An International Conference on Corporate Governance: China and International Comparisons* (ESRC/CEA) Cambridge Research Unit for Economics of Greater China, 10-11 de dezembro.

68. Chambers, A.D. (2004) Boardroom Inspection, *Accountancy Age,* 2 de dezembro, p.23.

69.

69. * Chambers, A.D. com Haron, H., Ramsi, R. e Ismail, I. (2004) The reliance of external auditors on internal auditors, *Managerial Auditing Journal,* 19 (9), pp. 1148-1159. [Emerald, ISSN: 0268-6902].

70. Chambers, A.D. (2005) *Tottel's Corporate Governance Handbook.* 3rd ed, [ISBN 1-84592-082-1, 1344pps].

71. Chambers, A.D. (2005) *Tolley's Internal Auditing Handbook.* 1st ed. Londres: LexisNexis Butterworths Tolley. [ISBN 0 406 95209 4, 746 p.].

72. Chambers, A.D. (2005) Sarbanes-Oxley in the UK, *Business Risk Management Briefing*, Wolters Kluwer (UK) Limited e The Institute of Chartered Accountants in England & Wales, [ISSN 11470-9473, Número 62, 12 de maio, pp. 2-5

73. * Chambers, A.D. (2005) A teddy bear's picnic or the lion's ring? Do non-executive diretors add value?", *Measuring Business Excellence - The Journal of Business Performance Management,* 9 (1), pp. 23-34. [Emerald, ISSN 1368-3047, baseado na palestra inaugural na London South Bank University, 30th novembro de 2004. Prémio Emerald LiteratiNetwork Outstanding Paper Award 2006].

74. * Chambers, A.D. (2005) Audit committees: practice, rules and enforcement in the UK and China", *Corporate Governance: An International Review,* janeiro, 13 (1), pp.92-100. [Wiley-Blackwell, impressão ISSN 0964-8410; online ISSN 1467-8683].

75. Chambers, A.D. (2006) The changing role of the audit committee, *Audit & Assurance Digest*, Wolters Kluwer and The Institute of Chartered Accountants in England & Wales, ISBN 1 84140 753 4, Issue 046, February, 42 pps.

76. Chambers, A.D. (2006) *Audit* committees - background and guidance, *Audit & Assurance Digest,* Wolters Kluwer and The Institute of Chartered Accountants in England & Wales, ISBN 1 84140 753 4, Issue 049, May, 36 pps.

77. * *Chambers, A.D. (2006)* Assurance of performance, *Measuring Business Excellence - The Journal of Business Performance Management,* 10 (3), pp. 41-55. [Emerald, ISSN 1368-3047]. [Uma versão anterior intitulada Understanding Assurance na 4th European Academic Conference on Internal Audit and Corporate Governance, da Erasmus School of Accounting & Assurance, City University Business School e Universita di Pisa, realizada na Cass Business School, 5th - 7th abril de 2006].

78. * Chambers, A.D. (2006) Auditing as a means to provide assurance of compliance, in: *Making Corporate Governance Work*, Actas da conferência anual do Conselho Mundial para a Governação Empresarial, Londres, Reino Unido, setembro, pp. 44-60. [ISBN 0-9542538-5-X].

79. Chambers, A.D. (2007) recensão do livro "Gatekeepers: the professions and corporate governance" por Coffee, J.C. (2006) Oxford University Press, ISBN 0-19-928809-7, em *Corporate Governance - An International Review,* janeiro, 15 (1), pp. 93-95. [Citado em Loughrey, J. (2011) *Corporate Lawyers and Corporate Governance,* Cambridge University Press, ISBN 978-0-521-76255-7, pp.226 e 314.

80. Chambers, A.D. (2008) *Tottel's Corporate Governance Handbook,* 4th ed., Haywards Heath. Haywards Heath: Tottel Publishing. [ISBN 978-1-84766-053-4, 1.350 pps.]

81. * Chambers, A.D. (2008) The board's black hole - filling their assurance

vacuum: can internal audit rise to the challenge?", *Measuring Business Excellence - The Journal of Business Performance Management,* 12 (1), pp. 47-63. [Emerald, ISSN 1368-3047].

82. Chambers, A.D. (2008) Bring on the super auditors, *Internal Auditing,* December, 32 (12), pp. 18-21. [The Institute of Internal Auditors-UK, ISSN 1757-0999].

83. Chambers, A.D. (2008) The board's black hole: filling their assurance vacuum - can internal audit rise to the challenge?, *Internal Audit eBulletin,* ACCA UK, dezembro, número 5. [Online]. Disponível em: http://newsweaver.co.uk/accaiabulletinZe article001278734.cfm?x=b11, 0,w. [Acedido em 4 de setembro de 2011].

84. Chambers, A.D. (2008) The new internal auditing Standards - an overview, *Internal Audit e-Bulletin*, ACCA UK, dezembro, número 5. [Online]. Disponível em: http://newsweaver.co.uk/accaiabulletinZe article001278734.cfm?x=b11, 0,w. [Acedido em 4 de setembro de 2011].

85. Chambers, A.D. (2008) *Resigning from the Board: Guidance for Diretors*, Certified Accountants Educational Trust, dezembro.

86. Chambers, A.D. (2009) The new internal auditing attribute Standards, *Internal Audit e-Bulletin,* ACCA UK, março, número 6. [Online]. Disponível em: http://newsweaver.co.uk/accaiabulletin/e article001350555.cfm?x=bf8 MBsW,bc65GbL9,w. [Acedido em 4 de setembro de 2011].

87. Chambers, A.D. (2009) The black hole of assurance, *The Internal Auditor,* abril, 66 (2), pp.28-29. [The Institute of Internal Auditors Inc., ISSN0020-5745].

88. Chambers, A.D. (2009) The new internal auditing performance Standards, *Internal Audit e-Bulletin*, ACCA UK, junho, número 7. [Online]. Disponível em:

http://accaiabulletin.newsweaver.co.uk/h2ccfo5bbsn-1e518g8f49.
[Acedido em 4 de setembro de 2011].

89. Chambers, A.D. (2009) Implementing an effective internal controls system, in: *QFinance: The Ultimate Resource.* Londres, Bloomsbury Information, pp.661-884. [ISBN 10: 1-84930-000-3; ISBN-13: 978-184930-000-1.]

90. Chambers, A.D. (2009) Terá o relato financeiro tido um impacto negativo na auditoria interna? in: *QFinance: The Ultimate Resource.* Londres, Bloomsbury Information, pp.638-641. [ISBN 10: 1-84930-000-3; ISBN-13: 978-1-84930-000-1.]

91. Chambers, A.D. (2009) Otimizar a auditoria interna, em: *QFinance: The Ultimate Resource*. Londres, Bloomsbury Information, pp.694-696. [ISBN 10: 1-84930-000-3; ISBN-13: 978-1-84930-000-1.]

92. Chambers, A.D. (2009) *Tolley's Internal Auditing Handbook.* 2nd ed. Londres: LexisNexis Butterworths Tolley. [ISBN 978140573674, 724 pps.]

93. Chambers, A.D. (2009) Terá o relato financeiro tido um impacto negativo na auditoria interna? in: *QFinance: The Ultimate Resource.* 2nd ed. Londres, Bloomsbury Information, pp.291-294. [ISBN 10: 1-84930005-4; ISBN-13: 978-1-84930-005-6.]

94. Chambers, A.D. (2009) Implementing an effective internal controls system, in: *QFinance: The Ultimate Resource.* 2nd ed. Londres, Bloomsbury Information, pp.314-317. [ISBN 10: 1-84930-005-4; ISBN-13: 978-1-84930-005-6].

95. Chambers, A.D. (2009) Otimizar a auditoria interna, em: *QFinance: The Ultimate Resource*, 2nd ed. Londres, Bloomsbury Information, pp.344346. [ISBN 10: 1-84930-005-4; ISBN-13: 978-1-

84930-005-6].

96. Chambers, A.D. (2010) Implementing an effective internal controls system, in *Approaches to Effective Risk Management*, 1st ed., Londres, Bloomsbury Information, pp.33-38. Londres, Bloomsbury Information, pp.33-38. [Standard ed.: ISBN 10: 1-84930003-8, ISBN-13 e 978-1-84930-003-2; Middle East ed.: ISBN-10: 184930-004-6 e ISBN-13: 978-1-84930-004-9]

97. Chambers, A.D. (2010) Introducing the revised internal auditing Standards, *Internal Audit e-Bulletin,* ACCA UK, dezembro, número 13. [Online]. Disponível em: http://accaiabulletin.newsweaver.co.uk/accaiabulletin/d0efk1q0kgx. [Acedido em 4 de setembro de 2011].

98. Chambers, A.D. e Rand, G. (2010) *The Operational Auditing Handbook - Auditing Business Processes.* 2nd ed. Chichester, Wiley [ISBN 978-0-470-74476-5, 884 p.]. + recurso online extensivo de material suplementar em www.wiley.com/go/chambers password:

'conformidade'].

99. Chambers, A.D. (2011) *Formulating and Expressing Internal Audit Opinions,* 11th March, [e podcast em linha, disponível em (http://www2.accaglobal.com/podcasts/members/cpd lecture recording s/]

100. Chambers, A.D. (2011) Implementing an effective internal controls system, in: *Best-Practice Approaches to Internal Auditing,* 2nd ed. Londres, Bloomsbury Information, pp.29-34. [ISBN 10: 1-84930-023-2; ISBN-13: 978-1-84930-023-0.]

101. Chambers, A.D. (2011) Otimizar a auditoria interna, em: *Best-Practice Approaches to Internal Auditing*, 2nd ed. Londres, Bloomsbury Information, pp.71-76. [ISBN 10: 1-84930-023-2; ISBN-13: 978-184930-023-0].

102. Chambers, A.D. (2011) Has financial reporting impacted on internal auditing negatively? in: *Best-Practice Approaches to Internal Auditing*, Londres, Bloomsbury Information, pp. 137-142. [ISBN 10: 1-84930023-2; ISBN-13: 978-1-84930-023-0.]

103. Chambers, A.D. (2011) *Audit Market Concentration: Implications and Solutions - a personal perspective.* Trabalho apresentado na conferência do Grupo de Interesse Especial em Contabilidade Financeira e Relatórios da Associação Britânica de Contabilidade e Finanças, Aston, Reino Unido. 13 de abril.

104. * Chambers, A.D. (2011) Audit Market Concentration: Implications and Solutions - A Personal Perspective, *International Journal of Governance,* 1 (3). 12 de maio. [ISSN 2224-5359, * Chambers, A.D. (2011) Audit Market Concentration: Implications and Solutions - A Personal Perspective, *International Journal of Governance*, 1 (3). 12 de maio. [ISSN 2224-5359, www.ijgovernance.com. acedido em 27 de agosto de 2012].

Também como: Chambers, A.D. (2011) Audit Market Concentration: Implications and Solutions - a Personal Perspective (on the House of Lords' Inquiry Report on Audit Market Concentration, [Online for *BAFA Auditing SiG On-line journal.* Colocado pela SiG no seu sítio Web em http://static.aston.ac.uk/asig/House%20of%20Lords%20Inquiry Binder .pdf, acedido em 6 de maio de 2012].

105. Chambers, A.D. (2011) The House of Lords inquiry into 'Auditors: market concentration and their role', *Internal Audit e-Bulletin*, ACCA UK, junho, número 15. [Em linha]. Disponível em: http://accaiabulletin.newsweaver.co.uk/accaiabulletin/1wx6oiizvtm. [Acedido em 4 de setembro de 2011].

106. Chambers, A.D. (2011) Corporate governance - in crisis or new dawn?, *apresentação na*

Conferência Internacional do The Institute of Internal Auditors Inc., Kuala Lumpur, julho. [unpubl].

107. Chambers, A.D. (2011) Wrestling with the Big Four, *Financial World*, setembro, pp. 32-33. [IFS School of Finance em associação com o Centre for the Study of Financial Innovation, ISSN 1465-6078].

108. Chambers, A.D. (2011) The global financial crisis - a failure of corporate governance?, keynote paper, *Proceedings of the first Organizational Governance Conference on Corporate Governance Crises: Causes, Effects and Solutions,* The Centre for Research into Organizational Governance - De Montfort University, Reino Unido, setembro.

109. Câmara dos Lordes. Comissão de Seleção dos Assuntos Económicos (2011) *Auditors: Market Concentration and their Role,* março, HL Paper 119-I. [A.D. Chambers foi o Consultor Especializado do Inquérito, ver p. 52 do Relatório, e coautor do presente relatório].

110. Chambers, A.D. (2011) IFRS - and to what extent should Internal Audit be involved in auditing accounting standards? *Internal Audit e-Bulletin,* ACCA UK, março, número 6. [Online]. Disponível em http://accaiabulletin.newsweaver.co.uk/accaiabulletin/m5eo2j854cq-sxmwlptk4v?a=1&p=19865505&t=17513274 [Acedido em 16 de dezembro de 2011].

111. * Chambers, A.D. (2012) The global financial crisis: a failure of corporate governance?, em Aras, G. e Crowther, D. (eds) *Business Strategy and Sustainability,* Developments in Corporate Governance and Responsibility, Vol. 3, Social Responsibility Research Network (SSRNet, www.socialresponsibility.biz, Bingley UK: Emerald. ISBN 978-1-78052-736-9 (impresso), 978-1-78052-737-6 (eletrónico), cap. 2, pps 23-44 [em linha em: http://www.emeraldinsight.com/books.htm? issn=2043- 0523&volume=3]

112. Chambers, A.D. (2012) *Chambers Corporate Governance Handbook*, 5th ed. Bloomsbury. ISBN 978 1 84766 878 3, abril, 912 pps.

113. Chambers, A.D. (2012) Designing and implementing effective internal control, in Kingston, L. (ed) *Contingency Planning and Crisis Management,* Bloomsbury, ISBN 978-1849300452 [a publicar em julho].

114. Chambers, A.D. (2007) book review of 'Corporate lawyers and corporate governance' by Loughrey, J. (2011) Cambridge University Press, ISBN 978-0-521-76255-7 HB in *Corporate Governance - An International Review,* awaited, [Wiley-Blackwell, print ISSN 09648410; online ISSN 1467-8683].

115. Chambers, A.D. (2012) Prefácio, *Celebrating Silver Jubilee,* Singapura, FTMSGlobal.

116. Chambers, A.D. (2012) *Is Audit Failing the Global Capital Markets?* Comunicação apresentada na 10.ath Conferência Internacional sobre Empresas

Governação: *"Corporate Governance and Universal Acceptance: Taking Stock of Progress and Indicators of Future Trends",* Centre for Corporate Governance Research, Universidade de Birmingham, presidido por Sir Adrian Cadbury, 25th junho.

117. * Chambers, A.D. (2012) Is Audit Failing the Global Capital Markets? *Revista Internacional de Divulgação e Governação*, Palgrave, Macmillan Publishers Ltd, ISSN: 1741-3591, EISSN: 1746-6539. [Publicação antecipada em linha, 11 de outubro de 2012; doi:10.1057/jdg.2012.18; www.palgrave-journals.com/jdg/. A ser publicado na versão impressa do JDG em 2013.

118. Chambers, A.D. (2012) Terá o relato financeiro tido um impacto negativo na auditoria interna? in: *QFinance: The Ultimate Resource.* 3rd ed. Londres, Bloomsbury Information, pp.346-349.

[ISBN 10: 1-84930046-1; ISBN-13: 978-1-84930-046.9]

119. Chambers, A.D. (2009) Implementing an effective internal controls system, in: *QFinance: The Ultimate Resource*. 3rd ed. Londres, Bloomsbury Information, pp.369-374. [ISBN 10: 1-84930-046-1; ISBN-13: 978-1-84930-046.9]

120. Chambers, A.D. (2009) Otimizar a auditoria interna, em: *QFinance: The Ultimate Resource*, 2nd ed. Londres, Bloomsbury Information, pp.394396. [ISBN 10: 1-84930-046-1; ISBN-13: 978-1-84930-046.9]

121. Hopkins, N. (2008) Recensão do livro de Chambers, A.D. (2008) Corporate Governance Handbook, Tottel Publishing, 4th ed. In Journal of Business Law, 2008 (6), pp. 582-586. [Sweet & Maxwell, ISSN 0021-9460].

122. Risman, B. (2012) Book review of Chambers, A.D. (2012) Corporate Governance Handbook, Bloomsbury, 5th ed. in *The Law Journal UK* (julho) [http://www.thelawjournal.co.uk/Book%20Review%20-%20Corporate%20Governance%20Handbook.htm, acedido em 21Jul12].

MIX
Papier aus verantwortungsvollen Quellen
Paper from responsible sources
FSC® C105338

Printed by Books on Demand GmbH, Norderstedt / Germany